I0566883

BESTACTIVITYBOOKS.COM

PREMIERE ÉDITION

Dépôt légal, 2022

Illustration Graphique Extra: www.freepik.com
Merci à Alekksall, Starline, Pch.vector, Rawpixel.com, Vectorpocket, Dgim-studio, Upklyak, Macrovector, Stockgiu, Pikisuperstar & Freepik.com Designers

5 ASTUCES POUR DÉMARRER !

1) COMMENT RÉSOUDRE LES MOTS MÊLÉS

Les puzzles sont dans un format classique :

- Les mots sont cachés sans espaces, tirets, ...
- Orientation : Les mots peuvent être écrits en avant, en arrière, vers le haut, vers le bas ou en diagonale (ils peuvent être inversés).
- Les mots peuvent se chevaucher ou se croiser.

2) UN APPRENTISSAGE ACTIF

Un espace est prévu à côté de chaque mots pour noter la traduction. Pour favoriser un apprentissage actif un **DICTIONNAIRE** à la fin de cette édition vous permettra de vérifier et étendre vos connaissances. Cherchez et notez les traductions, trouvez-les dans le Puzzle et ajoutez-les à votre vocabulaire !

3) MARQUEZ LES MOTS

Vous pouvez inventer votre propre système de marquage. Peut-être en utilisez-vous déjà un ? Sinon, vous pourriez, par exemple, marquer les mots qui ont été difficiles à trouver d'une croix, ceux que vous avez aimés d'une étoile, les mots nouveaux d'un triangle, les mots rares d'un diamant, etc...

4) STRUCTUREZ VOTRE APPRENTISSAGE

Cette édition vous offre un **CARNET DE NOTES** très pratique à la fin du livre. En vacances ou en voyage ou à la maison, vous pouvez facilement organiser vos nouvelles connaissances sans avoir besoin d'un second bloc-notes !

5) VOUS AVEZ FINI TOUTES LES GRILLES ?

Allez à la section bonus **CHALLENGE FINAL** pour trouver un jeu gratuit à la fin de cette édition !

Simple et Rapide ! Découvrez notre collection de livres d'activités pour votre prochain moment de détente et **d'apprentissage**, à juste un clic de distance !

Trouvez votre prochain défi sur :

BestActivityBooks.com/MonProchainLivre

À vos marques, prêts... Partez !

Saviez-vous qu'il existe environ 7 000 langues différentes dans le monde ? Les mots sont précieux.

Nous aimons les langues et avons travaillé dur pour créer les livres de la plus haute qualité pour vous. Nos ingrédients ?

Une sélection des thématiques d'apprentissage adaptée, trois belles parts de divertissement, puis nous ajoutons une cuillère de mots difficiles et une pincée de mots rares. Nous les servons avec soin et un maximum de plaisir pour vous permettre de résoudre les meilleurs jeux de mots mêlés qui soient et d'apprendre en vous amusant !

Votre avis est essentiel. Vous pouvez participer activement au succès de ce livre en nous laissant un commentaire. Nous aimerions vraiment savoir ce que vous avez préféré dans cette édition !

Voici un lien rapide qui vous mènera à la page d'évaluation de vos commandes :

BestBooksActivity.com/Avis50

Merci pour votre aide et amusez-vous bien !

De la part de toute l'équipe

1 - Adjectifs #2

А	У	Т	Е	Н	Т	И	Ч	Н	Ы	Й	М	О	Д	И	П
Н	Ж	Ч	О	П	М	Б	Н	Й	Ч	В	Р	Т	Р	З	Р
Д	Н	М	В	Ш	Ж	Н	Ч	Ы	М	Й	С	В	А	В	О
Е	С	Т	Е	С	Т	В	Е	Н	Н	Ы	Й	Е	М	Е	Д
Г	П	Ф	К	О	Б	Т	Ф	Е	Р	Н	И	Т	А	С	У
Ч	О	Ф	Ф	П	П	Ц	Н	Л	Й	С	К	С	Т	Т	К
Д	И	Р	А	Т	К	Ц	Ш	О	Ы	Е	С	Т	И	Н	Т
О	И	С	Д	Ъ	Ф	Ц	П	С	Н	Р	Е	В	Ч	Ы	И
Д	С	К	Т	Ы	П	Ь	П	Ы	Т	Е	Ч	Е	Е	Й	В
А	И	С	И	Ы	Й	Ы	В	О	Н	Т	Р	Н	С	Ы	Н
Р	Л	У	Р	Й	Й	Б	У	К	А	Н	О	Н	К	В	Ы
Е	Ь	Х	Г	Ы	Н	Е	Ф	Ъ	Г	И	В	Ы	И	О	Й
Н	Н	О	Ц	Н	Д	У	Н	Х	Е	В	Т	Й	Й	Р	Е
Н	Ы	Й	Ф	Щ	Л	Б	В	Л	Л	Л	Ц	Г	Б	О	Л
Ы	Й	П	И	О	Ж	И	Щ	Е	Э	О	Р	К	Ч	Д	Т
Й	А	Ю	Л	М	А	П	А	Ц	К	Ж	Г	Н	Л	З	Р

АУТЕНТИЧНЫЙ
ИЗВЕСТНЫЙ
ТВОРЧЕСКИЙ
ОДАРЕННЫЙ
ДРАМАТИЧЕСКИЙ
ЭЛЕГАНТНЫЙ
ГОРДЫЙ
СИЛЬНЫЙ
ИНТЕРЕСНЫЙ
ЕСТЕСТВЕННЫЙ
НОВЫЙ
ПРОДУКТИВНЫЙ
МОЩНЫЙ
ЧИСТЫЙ
ОТВЕТСТВЕННЫЙ
ЗДОРОВЫЙ
СОЛЕНЫЙ
ДИКИЙ
СУХОЙ

2 - Formes

П	Г	О	П	А	П	В	Ы	Ц	К	Ы	П	У	Ю	И	Н
Л	И	Ж	Ю	Р	Е	Щ	О	Ш	И	Б	И	Г	З	И	Л
О	П	А	Е	Ь	Я	Ф	Ф	Ж	Н	Ъ	Р	Ч	Т	Х	Ж
Щ	Е	Е	Л	Ю	Н	М	С	Ц	Ь	Т	А	Р	Е	Ф	С
А	Р	К	О	Н	У	С	О	Е	Л	Ф	М	К	М	Щ	Щ
Д	Б	И	Б	В	Ц	Х	Ц	У	О	В	И	У	Х	Н	О
Ь	О	И	Ж	Ш	Ы	К	И	П	Г	Б	Д	Б	Ц	В	У
Г	Л	Ж	К	Р	У	Г	Л	Щ	У	О	А	Ч	О	С	Ы
Б	А	А	Ж	Ь	Ч	Ж	И	Ц	Е	Г	Л	Т	У	Ь	Л
П	Р	И	З	М	А	Н	Н	Н	Р	Ь	О	Ь	А	К	Ц
К	Э	Р	Ы	М	Н	Б	Д	Щ	Т	Л	Г	Л	Н	А	Ь
Р	Д	Л	Б	Г	Т	Г	Р	Х	И	С	Л	Л	О	И	Е
А	У	О	Л	О	В	А	Л	Ь	Н	Ы	Й	И	Р	П	К
Я	Г	Я	Ц	И	П	О	Л	И	Г	О	Н	Н	О	Д	Л
Г	А	Ы	Н	А	П	М	И	Р	Т	Н	И	И	Т	О	Ю
Я	Щ	Ш	К	К	Ш	С	В	Л	Я	Ъ	С	Я	С	И	У

ДУГА
КРАЯ
ПЛОЩАДЬ
КРУГ
УГОЛ
ИЗГИБ
КОНУС
СТОРОНА
КУБ
ЦИЛИНДР
ЭЛЛИПС
ГИПЕРБОЛА
ЛИНИЯ
ОВАЛЬНЫЙ
ПОЛИГОН
ПРИЗМА
ПИРАМИДА
ПРЯМОУГОЛЬНИК
СФЕРА
ТРЕУГОЛЬНИК

3 - Force et Gravité

Д	П	Л	А	Н	Е	Т	Ы	Д	Б	М	В	Щ	Ю	Ю	Д
Е	И	Н	Е	Р	И	Ш	С	А	Р	Ж	Д	Р	О	Ъ	Н
Й	Ы	Н	Ь	Л	А	С	Р	Е	В	И	Н	У	Е	Г	В
Ф	Ъ	Щ	А	Р	О	А	Ы	Щ	Х	Н	М	Т	Ц	М	Л
Щ	Т	Ъ	Ы	М	Ю	Р	Щ	Ф	Ы	Ч	Е	М	П	К	Я
Р	О	Т	Б	Ш	И	Р	Б	Т	С	Ц	Х	О	Ъ	Ч	Ъ
Ь	Р	У	Ш	Р	О	Ч	И	И	Н	П	А	Т	Х	Ъ	Ч
Ф	И	К	Е	М	Ф	Ж	Е	А	Т	Ц	Н	К	Б	Ъ	С
Т	Р	Е	Н	И	Е	Н	Ь	С	О	А	И	Р	Ф	Д	В
Г	С	Е	В	Ъ	О	Ы	Щ	Е	К	Н	К	Ы	И	В	О
Ъ	П	П	Ь	Р	Л	Я	Б	В	Щ	И	А	Т	З	И	Й
Ь	Щ	Х	Ь	Т	С	О	Р	О	К	С	Й	И	И	Ж	С
В	Л	И	Я	Н	И	Е	С	Н	Ж	С	Ь	Е	К	Е	Т
Д	А	В	Л	Е	Н	И	Е	Я	Ю	Ш	Ь	П	А	Н	В
П	Ц	Р	А	Ц	М	А	Г	Н	Е	Т	И	З	М	И	А
Р	А	С	С	Т	О	Я	Н	И	Е	Н	О	Ь	У	Е	Н

ОСЬ
ЦЕНТР
ОТКРЫТИЕ
РАССТОЯНИЕ
ДИНАМИЧЕСКИЙ
РАСШИРЕНИЕ
ТРЕНИЕ
ВЛИЯНИЕ
МАГНЕТИЗМ
МЕХАНИКА
ДВИЖЕНИЕ
ОРБИТА
ФИЗИКА
ПЛАНЕТЫ
ВЕС
ДАВЛЕНИЕ
СВОЙСТВА
ВРЕМЯ
УНИВЕРСАЛЬНЫЙ
СКОРОСТЬ

4 - Adjectifs #1

А	А	Р	О	М	А	Т	И	Ч	Е	С	К	И	Й	И	М
К	Т	Т	Я	Ь	Д	Я	А	М	М	У	И	Р	Щ	Д	У
Т	О	Я	У	Л	Ф	Х	Ф	Т	М	Ы	О	Р	П	Е	Ф
И	Н	Ж	И	Я	Щ	Ж	Ю	Т	Ш	Щ	Й	Я	С	Н	С
В	К	Е	А	М	Ь	Х	Х	О	О	Ы	Ы	Ы	П	Т	О
Н	И	Л	Е	А	Б	С	О	Л	Ю	Т	Н	Ы	Й	И	В
Ы	Й	Ы	Н	З	Е	Л	О	П	А	Ц	Т	Ы	Ы	Ч	Р
Й	С	Й	Ж	Е	Ж	Ц	Ы	Г	Т	Р	С	Х	Н	Н	Е
Н	Е	В	И	Н	Н	Ы	Й	Ы	Р	Д	Е	Щ	Ж	Ы	М
М	О	Л	О	Д	О	Й	Л	В	П	О	Ч	П	А	Й	Е
Р	Ж	К	Ф	Ъ	В	И	Б	А	Ы	Е	М	К	В	Т	Н
М	С	О	В	Е	Р	Ш	Е	Н	Н	Ы	Й	Н	Б	Щ	Н
Б	О	Л	Ь	Ш	О	Й	Д	Ж	Ю	А	К	Р	Ы	Т	Ы
А	М	Б	И	Ц	И	О	З	Н	Ы	Й	Я	Ч	М	Й	Й
К	Р	А	С	И	В	Ы	Й	Ы	Н	Н	Е	Л	Д	Е	М
Э	К	З	О	Т	И	Ч	Е	С	К	И	Й	Г	Ь	Ъ	Ц

АБСОЛЮТНЫЙ
АКТИВНЫЙ
АМБИЦИОЗНЫЙ
АРОМАТИЧЕСКИЙ
КРАСИВЫЙ
ЭКЗОТИЧЕСКИЙ
ОГРОМНЫЙ
ЩЕДРЫЙ
БОЛЬШОЙ
ЧЕСТНЫЙ
ИДЕНТИЧНЫЙ
ВАЖНЫЙ
НЕВИННЫЙ
МОЛОДОЙ
МЕДЛЕННЫЙ
ТЯЖЕЛЫЙ
ТОНКИЙ
СОВРЕМЕННЫЙ
СОВЕРШЕННЫЙ
ПОЛЕЗНЫЙ

5 - Instruments de Musique

Г	С	Я	П	Г	О	Л	Ф	Д	К	М	Е	Н	Т	Ю	Ж
А	Р	А	Т	И	Г	Щ	У	Г	Л	Х	У	К	К	Н	Ж
Р	О	Ч	Ж	М	В	Ъ	К	Т	А	Б	М	И	Р	А	М
М	Ш	У	Ц	Л	Ц	Ч	Ш	С	Р	Й	Е	Н	М	Б	К
О	М	В	М	Р	О	Т	Щ	Г	Н	О	Г	Н	А	А	Р
Н	А	Б	А	Н	Д	Ж	О	Е	Е	Б	П	Ю	Н	Р	Ж
И	Р	С	С	Ц	А	Ф	А	Б	Т	О	Ь	Ю	Д	А	Г
К	Ф	Ч	А	К	Ш	О	М	О	Г	Г	Л	Р	О	Б	Х
А	А	Н	Я	К	Р	Е	Ь	У	Н	Р	Е	Д	Л	Ъ	Л
Ч	Б	М	Ц	О	С	И	Ш	Х	Х	И	Ч	Е	И	С	Ф
Х	У	Ц	Я	Е	Ь	О	П	В	Т	У	Н	Ф	Н	И	В
Т	Р	О	М	Б	О	Н	Ф	К	П	Д	О	А	А	Е	Ш
М	Т	Ф	Л	Е	Й	Т	А	О	А	Ш	Л	Г	И	Л	А
Б	У	Б	Е	Н	Ч	В	М	Х	Н	Ы	О	О	К	П	Щ
П	Е	Р	К	У	С	С	И	Я	Л	Я	И	Т	В	У	Т
Ю	Ь	Е	Б	Х	Ь	Л	Е	Ф	Р	Ы	В	Ж	Ц	К	У

БАНДЖО
ФАГОТ
КЛАРНЕТ
ФЛЕЙТА
ГОНГ
ГИТАРА
ГАРМОНИКА
АРФА
ГОБОЙ
МАНДОЛИНА
МАРИМБА
ПЕРКУССИЯ
ПИАНИНО
САКСОФОН
БАРАБАН
БУБЕН
ТРОМБОН
ТРУБА
СКРИПКА
ВИОЛОНЧЕЛЬ

6 - Échecs

С	Т	Р	А	Т	Е	Г	И	Я	И	К	В	Р	Е	М	Я
Х	Ч	Л	Т	Ы	Л	В	К	Ь	Ъ	Г	О	Ы	П	Ю	Ь
Ъ	Т	П	Ж	Ч	Т	Ц	Ч	Т	Щ	Х	Р	Р	Д	К	Ь
М	Н	Ы	У	У	Л	Ы	О	Н	Д	И	И	А	О	Ц	Л
Ж	Е	Р	Т	В	А	М	Т	Г	Т	Г	Н	Л	Ъ	Л	П
Ф	Н	О	И	П	М	Е	Ч	Д	К	Р	Р	И	П	Д	Ь
Б	О	К	О	Р	О	Л	Е	В	А	О	У	В	Б	И	К
Щ	П	Р	П	О	Б	Б	Ъ	Ь	Ж	К	Т	А	У	А	Б
Д	П	Ч	Б	Ж	Щ	О	Н	Ц	Щ	Г	Ф	Р	М	Г	П
М	О	Д	А	Е	О	Р	Ф	Г	С	Ц	Х	П	Ц	О	Л
М	Ъ	О	Ф	Н	Л	П	А	Я	Ь	Д	Ь	Ж	А	Н	Г
Ч	Е	Р	Н	Ы	Й	Ы	Н	В	И	С	С	А	П	А	У
К	О	Н	К	У	Р	С	Й	О	Л	Г	Ы	Г	П	Л	М
Щ	Х	С	Щ	Ы	А	Ч	Ъ	Ж	А	Ю	О	Ъ	Я	Ь	Н
Ф	А	Ф	Ш	П	К	Г	М	В	К	Н	Р	Р	Д	Д	Ы
Ш	Д	Ш	Я	М	Б	П	Я	Д	Б	К	М	А	С	В	Й

ОППОНЕНТ
БЕЛЫЙ
ЧЕМПИОН
КОНКУРС
ПРОБЛЕМЫ
ДИАГОНАЛЬ
УМНЫЙ
ИГРА
ИГРОК
ЧЕРНЫЙ
ПАССИВНЫЙ
ТОЧКИ
КОРОЛЕВА
ПРАВИЛА
КОРОЛЬ
ЖЕРТВА
СТРАТЕГИЯ
ВРЕМЯ
ТУРНИР

7 - Herboristerie

Ш	И	Б	В	Л	Щ	Ж	Ы	Р	Ъ	Е	И	Е	Б	Т	П
А	С	Н	В	Ч	Ь	Л	Е	Х	Н	Е	Ф	Ц	А	Ы	Е
Ф	Е	О	Г	Щ	Б	Н	А	Р	О	Й	А	М	З	Ь	Т
Р	Ц	Г	Е	Р	Щ	Е	В	В	С	Щ	Ю	О	И	К	Р
А	Л	А	И	Г	Е	П	С	Ю	А	А	О	Д	Л	В	У
Н	Х	Р	У	Р	Р	Д	Т	Х	О	Н	К	Т	И	К	Ш
Р	Х	Т	В	К	Ш	А	И	Я	Б	Н	Д	Ч	К	У	К
Л	С	С	Ы	К	Е	Ж	Я	Е	Ю	Ш	М	А	Ф	Л	А
О	Ц	Э	Б	Т	У	Ж	Ю	Щ	Н	П	Я	Ф	А	И	Ц
И	Щ	Ч	Е	Б	Ж	С	Ш	Ц	Ж	Т	Т	У	Й	Н	В
Ч	Е	С	Н	О	К	Щ	К	В	Ш	Ы	А	Я	Ы	А	Е
Т	И	М	Ь	Я	Н	Р	О	З	М	А	Р	И	Н	Р	Т
У	Я	Ш	Ю	И	Б	И	Щ	С	Ъ	У	Г	И	Е	Н	О
К	А	Ч	Е	С	Т	В	О	А	Ъ	П	Х	Т	Л	Ы	К
О	Т	Х	Ю	С	Й	Ы	Н	Д	О	Г	Ы	В	Е	Й	Н
А	Р	О	М	А	Т	И	Ч	Е	С	К	И	Й	З	Щ	О

ЧЕСНОК
АРОМАТИЧЕСКИЙ
БАЗИЛИК
ВЫГОДНЫЙ
КУЛИНАРНЫЙ
ЭСТРАГОН
ФЕНХЕЛЬ
ЦВЕТОК
ИНГРЕДИЕНТ
САД
ЛАВАНДА
МАЙОРАН
МЯТА
ПЕТРУШКА
КАЧЕСТВО
РОЗМАРИН
ШАФРАН
ВКУС
ТИМЬЯН
ЗЕЛЕНЫЙ

8 - Photographie

О	В	А	Т	С	О	С	Е	У	О	Ш	О	Х	Б	А	Ы
П	Ы	В	Т	Е	Р	Т	Р	О	П	Р	Б	Х	В	Ь	Ю
Р	С	И	Н	Т	В	Ч	Ь	Д	Р	Й	Ъ	Ъ	Е	Е	С
Е	Т	Т	Т	С	О	Ц	Ф	О	А	Ы	Е	Б	П	Е	Ч
Д	А	К	М	А	Р	Ю	П	Х	А	Н	К	С	К	Д	Е
Е	В	Е	О	Р	Т	Е	М	А	Л	Ь	Т	Х	А	С	Р
Л	К	П	Ъ	Т	Ж	Ц	Ч	Ы	В	Л	А	И	Ц	Ю	Н
Е	А	С	Я	Н	К	А	М	Е	Р	А	М	Г	Л	Ю	Ы
Н	Т	Р	Х	О	Б	Д	Ч	Р	Т	У	Р	Ф	Ь	Г	Й
И	Ч	Е	У	К	С	И	И	Щ	Ц	З	О	Ь	Х	М	Ь
Е	Р	П	М	Т	У	С	К	В	Щ	И	Ф	В	Ж	Ь	Ф
Л	Ф	Ю	Б	Н	С	Ц	А	В	Ъ	В	П	Б	Б	Б	Т
Р	Щ	С	Г	Л	О	К	Ш	Д	И	В	Ч	П	Л	Ш	С
Ы	Ь	А	С	К	Ю	Т	Е	И	Н	Е	Щ	Е	В	С	О
Ф	К	Б	М	С	Д	М	А	Т	Е	Х	Ф	Г	Ч	Ь	П
Ш	Р	Ч	Ы	Х	П	П	Г	А	Т	Я	С	И	Д	Т	Б

РАМКА
КАМЕРА
СОСТАВ
КОНТРАСТ
ЦВЕТ
ОПРЕДЕЛЕНИЕ
ВЫСТАВКА
ОСВЕЩЕНИЕ
ФОРМАТ
ЧЕРНЫЙ
ОБЪЕКТ
ТЕМНОТА
ТЕНИ
ПЕРСПЕКТИВА
ПОРТРЕТ
ТЕМА
ТЕКСТУРА
ВИЗУАЛЬНЫЙ
ВИД

9 - Véhicules

Ч	А	Р	Х	И	В	Е	Л	О	С	И	П	Е	Д	Ч	Ч
О	Л	Х	А	С	Х	М	О	Т	О	Р	Ы	Х	Т	Ф	Ф
Ч	С	Ю	Д	К	Л	О	Д	К	А	Г	Б	Е	Б	К	У
В	К	О	Т	А	Е	Л	Х	Н	Я	А	Т	Я	Л	Ф	В
Ч	Ь	А	Ф	Т	Х	Т	Ш	К	Ь	П	Е	Ь	О	С	Р
Е	Р	Е	Р	Ч	А	П	А	Х	Л	У	Л	У	Л	К	А
Л	О	Ь	Д	А	Ь	Б	Т	Д	И	П	О	Д	Р	У	Р
Н	С	Д	Ш	Ъ	В	Н	С	У	Б	О	Т	В	А	Т	Т
О	Т	Е	О	Ф	Х	А	С	В	О	Е	Р	И	Я	Е	Р
К	Н	Т	Ь	У	О	В	Н	С	М	З	Е	Т	П	Р	А
Г	К	У	Ю	Р	Б	Ы	А	А	О	Д	В	Л	Е	Б	К
Л	Ц	К	М	Г	Б	Ш	О	М	Т	Р	К	Ч	О	М	Т
С	Ш	А	М	О	Р	А	П	О	В	Ъ	П	Л	О	Т	О
Ф	Ж	Ж	Ы	Н	И	Ш	Я	Л	А	Ж	Я	И	Ч	М	Р
Ы	Я	Н	Р	Я	Я	П	У	Е	Щ	П	Т	Н	Ъ	К	Ж
Г	Р	У	З	О	В	И	К	Т	М	Щ	Ц	Ч	П	П	Т

САМОЛЕТ
ЛОДКА
АВТОБУС
ГРУЗОВИК
КАРАВАН
ПАРОМ
РАКЕТА
ВЕРТОЛЕТ
МЕТРО
МОТОР
ЧЕЛНОК
ШИНЫ
ПЛОТ
СКУТЕР
ТАКСИ
ТРАКТОР
ПОЕЗД
ФУРГОН
ВЕЛОСИПЕД
АВТОМОБИЛЬ

10 - Camping

П	Я	Г	Щ	К	Л	Ф	Ь	Г	У	Т	Ц	С	Е	Л	О
Е	Ъ	Ф	Т	Л	А	К	В	Е	Р	Е	В	Ч	Т	У	Б
У	Р	Ч	В	О	Р	Н	У	Г	Ц	П	Е	Б	А	Н	О
О	Я	И	Ь	Г	О	М	О	Р	Е	З	О	Л	Г	А	Р
И	Ь	Ы	В	О	Г	В	Е	Э	С	В	Ь	Б	А	Т	У
П	К	Н	Ш	Н	В	Х	Ы	О	Х	О	Т	А	Б	Р	Д
К	Р	Ж	Т	Ь	Ш	М	Н	П	М	Ш	Л	Я	П	А	О
Ъ	М	И	У	Ж	Р	Ъ	Т	А	А	О	Е	Л	Ч	К	В
Ы	В	В	К	У	Ш	Р	О	Л	Е	Ф	К	Ц	Д	Р	А
Ж	Я	Я	Ж	Л	Щ	Ф	В	А	Г	И	Г	Е	Я	М	Н
Н	И	Т	И	Ж	Ю	Ф	И	Т	Ф	Л	А	К	С	Л	И
Ф	О	Н	А	Р	Ь	Ч	Ж	К	Л	А	М	Ы	А	А	Е
Д	Е	Р	Е	В	Ь	Я	Е	А	Ш	Р	А	Д	П	Ю	Н
П	Р	И	Р	О	Д	А	Я	Н	Т	О	К	Ъ	М	Р	В
Ж	Ь	С	В	Д	Ц	Л	Д	Ы	И	Я	Р	П	О	О	Ц
К	Ч	Ш	Н	В	О	Ф	П	К	Г	Е	М	О	К	Ю	Ю

ЖИВОТНЫЕ
ДЕРЕВЬЯ
ПРИКЛЮЧЕНИЕ
КОМПАС
КАНОЭ
КАРТА
ШЛЯПА
ОХОТА
ВЕРЕВКА
ОБОРУДОВАНИЕ
ОГОНЬ
ЛЕС
ГАМАК
НАСЕКОМОЕ
ОЗЕРО
ФОНАРЬ
ЛУНА
ГОРА
ПРИРОДА
ПАЛАТКА

11 - Géométrie

Р	Б	У	Ж	Д	Ы	П	О	Н	Н	М	Т	Ю	В	П	Б
С	О	К	Г	У	Р	К	Н	Ц	Г	Е	Е	Б	Ц	Ж	Ш
О	М	Х	Д	О	Л	С	И	Ч	Л	Д	Д	Л	Ф	К	И
Щ	Ы	А	П	Ш	Л	К	Б	Я	Т	И	Р	Ч	Щ	Ш	Ъ
П	Ф	П	С	Л	О	Г	И	К	А	А	Т	О	С	Ы	В
И	О	Б	Ж	С	Ь	Ж	Ц	Н	Ь	Н	Е	Ю	Я	Д	И
З	К	В	К	Я	А	Ы	Н	Я	Н	А	М	Щ	Е	К	З
Г	Ъ	Ш	Е	И	В	Ь	Л	Е	Л	Л	А	Р	А	П	М
И	Я	И	Ц	Р	О	П	О	Р	П	Ч	И	Ы	Ч	Ю	Е
Б	М	Щ	Х	О	Х	Ы	Т	У	И	П	Д	П	М	Ж	Р
М	С	Я	Н	Е	Т	Н	Е	М	Г	Е	С	Д	Р	П	Е
П	Д	Е	Ч	Т	Д	В	О	Ъ	Б	Б	Ч	В	Щ	Ю	Н
Ы	Ю	Б	Ф	О	Т	Г	Ч	С	Ы	Ч	Ь	Ж	У	И	И
У	Р	А	В	Н	Е	Н	И	Е	Т	Е	Ч	С	А	Р	Е
С	И	М	М	Е	Т	Р	И	Я	Ц	Ь	Х	Н	У	В	Т
Т	Р	Е	У	Г	О	Л	Ь	Н	И	К	А	Н	Ф	Ч	А

УГОЛ
РАСЧЕТ
КРУГ
ИЗГИБ
ДИАМЕТР
ИЗМЕРЕНИЕ
УРАВНЕНИЕ
ВЫСОТА
ЛОГИКА
МАССА
МЕДИАНА
ЧИСЛО
ПАРАЛЛЕЛЬ
ПРОПОРЦИЯ
СЕГМЕНТ
ПОВЕРХНОСТЬ
СИММЕТРИЯ
ТЕОРИЯ
ТРЕУГОЛЬНИК

12 - Philanthropie

Г	Я	Ы	Ы	Р	Г	Я	М	Ц	Ф	П	Я	В	Ъ	Ы	У
Л	Ч	Ы	Т	К	А	Т	Н	О	К	Ч	П	О	Ю	И	Ж
О	Е	М	Д	Ь	Ш	А	Ц	Н	Л	У	Б	В	Е	Х	С
Б	С	М	Ф	Н	Ш	С	Е	Ж	П	О	Ф	Т	Ф	Ч	Х
А	Т	А	Ь	М	О	Ъ	Л	У	Р	В	Д	С	Ц	Д	М
Л	Н	Р	Ъ	Ж	Н	Ф	И	Н	О	Т	Л	Е	Ж	Ю	И
Ь	О	Г	Г	Р	У	П	П	Ы	Б	С	Ю	Щ	Ж	Я	С
Н	С	О	Т	Б	Ц	Ч	О	С	Л	Е	Д	Б	С	Ь	С
Ы	Т	Р	Щ	Ы	О	Ц	Е	Н	Е	Ч	И	О	Ы	Ч	И
Й	Ь	П	Ъ	Е	Г	В	Ж	А	М	Е	Ш	О	Л	Т	Я
О	Ф	Т	Ф	Ц	Д	А	П	Н	Ы	В	М	С	И	Ф	И
П	Г	В	Ж	Ц	Щ	Р	Л	И	Ш	О	Д	Е	Т	И	Р
Ъ	Г	Ъ	Н	Ц	К	Ш	О	Ф	Ц	Л	Г	Д	Т	М	О
Л	Я	Я	В	В	Н	Д	Ж	С	Д	Е	П	Ч	Щ	Ь	Т
И	Л	Ы	Ю	Я	И	Р	Р	Т	Т	Ч	У	Ш	Т	Е	С
О	Х	Т	Ъ	Д	П	Н	Я	В	С	Ь	П	Ъ	Л	К	И

НУЖНО
ЦЕЛИ
СООБЩЕСТВО
КОНТАКТЫ
ПРОБЛЕМЫ
ДЕТИ
ФИНАНСЫ
ФОНДЫ
ЛЮДИ
ЩЕДРОСТЬ
ГЛОБАЛЬНЫЙ
ГРУППЫ
ИСТОРИЯ
ЧЕСТНОСТЬ
ЧЕЛОВЕЧЕСТВО
МОЛОДЕЖЬ
МИССИЯ
ПРОГРАММЫ

13 - Diplomatie

С	О	О	Б	Щ	Е	С	Т	В	О	Ч	Л	В	П	Ь	Х
Р	Щ	Щ	В	О	И	Б	Ь	Д	К	Ф	Ж	Ф	Ъ	Ю	Ъ
Г	У	М	А	Н	И	Т	А	Р	Н	Ы	Й	Б	Щ	Й	Щ
Щ	Ю	А	Ф	П	Ф	К	Т	С	О	В	Е	Т	Н	И	К
Р	Е	З	О	Л	Ю	Ц	И	Я	У	У	Е	Р	К	К	Б
И	И	Я	Р	О	О	Ю	Ъ	Н	Ч	Ы	С	Ю	А	С	Е
П	Н	А	П	С	Д	Ь	Ш	Ю	З	Т	О	Ш	М	Н	З
О	Е	Ю	Р	О	В	О	Г	О	Д	Ю	А	Ш	П	А	О
Л	Ш	И	Н	П	Т	К	И	Л	Ф	Н	О	К	А	Д	П
И	Е	П	О	С	О	Л	Ь	С	Т	В	О	С	Н	Ж	А
Т	Р	И	Н	О	С	Т	Р	А	Н	Н	Ы	Й	И	А	С
И	О	Б	С	У	Ж	Д	Е	Н	И	Е	Ф	Е	И	Р	Н
К	П	Р	А	В	И	Т	Е	Л	Ь	С	Т	В	О	Г	О
А	Г	Р	А	Ж	Д	А	Н	Е	Я	Ц	Ф	Т	Ш	Ч	С
Ц	Е	Л	О	С	Т	Н	О	С	Т	Ь	Л	Г	Ю	Х	Т
Э	Т	И	К	А	С	Ы	Я	Щ	Т	Д	Б	Е	Г	Р	Ь

СОЮЗНИК
ПОСОЛЬСТВО
ПОСОЛ
КАМПАНИИ
ГРАЖДАНЕ
ГРАЖДАНСКИЙ
СООБЩЕСТВО
КОНФЛИКТ
СОВЕТНИК
ОБСУЖДЕНИЕ
ЭТИКА
ИНОСТРАННЫЙ
ПРАВИТЕЛЬСТВО
ГУМАНИТАРНЫЙ
ЦЕЛОСТНОСТЬ
ПОЛИТИКА
РЕЗОЛЮЦИЯ
БЕЗОПАСНОСТЬ
РЕШЕНИЕ
ДОГОВОР

14 - Électricité

О	Э	П	Н	М	М	С	Р	Ы	Ы	О	Ь	Б	Ю	Э	Щ
Б	Л	Ш	О	В	Т	С	Е	Ч	И	Л	О	К	Х	Л	М
О	Е	Г	Ф	Л	К	Ш	П	Р	О	В	О	Д	А	Е	Ж
Р	К	Ю	Е	Х	О	А	Я	Л	Г	Я	М	Ц	Р	К	М
У	Т	Б	Л	А	Б	Ж	Я	Ж	А	Е	Ы	Д	С	Т	Я
Д	Р	А	Е	П	Ц	Л	И	А	Ь	М	Т	У	У	Р	О
О	И	Т	Т	Ч	Ъ	А	Е	Т	Л	Т	П	С	Д	И	М
В	Ч	А	И	Р	Ф	З	П	В	Е	У	Л	О	С	К	Е
А	Е	Р	Н	Ч	Ь	Е	Ь	М	Б	Л	Д	Я	Ч	Ю	Ъ
Н	С	Е	Г	В	Д	Р	Ф	Л	А	В	Ь	Л	М	К	З
И	К	Я	А	Ь	О	К	О	П	К	Л	Б	Н	У	К	А
Е	И	Н	М	Н	П	С	Е	Т	Ь	А	П	Е	Ы	А	Р
Я	Й	Ы	Н	Ь	Л	Е	Т	А	Ц	И	Р	Т	О	Й	О
Т	Е	Л	Е	В	И	Д	Е	Н	И	Е	Л	С	И	У	П
Ю	Ь	Р	И	Н	Е	У	И	У	С	Ю	Х	Т	Х	Ь	Ц
О	Б	Ъ	Е	К	Т	Ы	Г	Е	Н	Е	Р	А	Т	О	Р

МАГНИТ
ЛАМПОЧКА
БАТАРЕЯ
КАБЕЛЬ
ЭЛЕКТРИК
ЭЛЕКТРИЧЕСКИЙ
ОБОРУДОВАНИЕ
ПРОВОДА
ГЕНЕРАТОР
ЛАМПА
ЛАЗЕР
ОТРИЦАТЕЛЬНЫЙ
ОБЪЕКТЫ
ПОЛОЖИТЕЛЬНЫЙ
РАЗЪЕМ
КОЛИЧЕСТВО
СЕТЬ
ТЕЛЕФОН
ТЕЛЕВИДЕНИЕ

15 - Astronomie

Л	Р	П	Я	М	Р	Г	Ф	Г	Ы	Щ	Х	Л	Р	П	Д
А	Х	Б	Щ	Е	Ш	Д	И	О	Р	Е	Т	С	А	Л	М
В	С	Б	Е	Т	М	Я	Я	Ш	Е	И	Г	Ж	В	А	Р
Б	У	Ю	Ч	Е	Х	Д	А	З	Д	Н	Ч	А	Н	Н	А
С	А	Ц	Л	О	Ф	Т	В	П	Е	Е	Д	Б	О	Е	О
Щ	Ц	Щ	М	Р	Щ	М	О	Ю	Р	М	А	Е	Д	Т	Б
Д	Ф	А	С	Т	Р	О	Н	А	В	Т	Л	И	Е	А	С
Л	М	В	Я	С	Е	Н	Х	С	И	А	С	Я	Н	Т	Е
Н	У	Н	Л	У	Х	О	Р	О	З	З	О	Ы	С	Е	Р
Я	Е	Н	Н	Ч	П	Р	Е	З	Л	Ж	Л	Я	Т	К	В
Ч	А	Б	А	Щ	С	Т	В	В	У	Д	Н	Ж	В	А	А
Ч	Щ	Ш	О	П	Щ	С	С	Е	Ч	Щ	Е	Н	И	Р	Т
Р	Ъ	Ф	Б	Я	Ю	А	Ж	З	Е	А	Ч	Ф	Е	Ж	О
Ч	О	К	О	С	М	О	С	Д	Н	С	Н	Ч	К	А	Р
Ш	Г	Ц	Т	Г	Ы	Ц	Я	И	И	Р	Ы	И	Ц	Х	И
Т	Ы	Б	С	Н	А	О	Ы	Е	Е	О	Й	Ы	Х	Г	Я

АСТЕРОИД
АСТРОНАВТ
АСТРОНОМ
НЕБО
СОЗВЕЗДИЕ
КОСМОС
ЗАТМЕНИЕ
РАВНОДЕНСТВИЕ
РАКЕТА
ЛУНА
МЕТЕОР
ОБСЕРВАТОРИЯ
ПЛАНЕТА
ИЗЛУЧЕНИЕ
СОЛНЕЧНЫЙ
СВЕРХНОВАЯ
ЗЕМЛЯ

16 - Physique

М	З	И	Т	Е	Н	Г	А	М	Е	Д	Т	Т	Ц	Ы	Ж
Р	О	Ь	Ю	Щ	У	С	К	О	Р	Е	Н	И	Е	А	Л
А	Э	Л	А	К	И	Н	А	Х	Е	М	К	Я	Т	Ц	Н
С	Л	Е	Е	Т	Х	Х	И	М	И	Ч	Е	С	К	И	Е
Ш	Е	Т	П	К	О	А	Ц	Х	Щ	Ы	Р	Р	Ь	Т	А
И	К	А	Б	Х	У	М	Д	Ж	Ь	А	Ь	Ь	Д	С	В
Р	Т	Г	В	Ж	Ч	Л	М	Щ	А	Т	О	Т	С	А	Ч
Е	Р	И	Ы	Ф	Х	У	А	С	С	А	М	С	Ц	Ч	Е
Н	О	В	А	Щ	Г	Е	К	Н	Ж	Х	С	О	В	С	Ж
И	Н	Д	Р	Г	А	Ю	Я	Ы	Щ	А	Ж	Р	Х	Я	Х
Е	В	Т	Е	Г	З	Ц	Ъ	Д	А	О	Т	О	Б	Ь	Т
Ф	Х	Ъ	Л	Д	В	Ш	В	Ы	Е	С	М	К	Ь	А	У
Ф	Л	М	Ф	О	Р	М	У	Л	А	Р	Щ	С	У	Ъ	Х
Е	В	Ъ	Ю	Ю	И	А	Ь	Т	С	О	Н	Т	О	Л	П
Г	Р	А	В	И	Т	А	Ц	И	Я	А	М	Ы	Ш	В	Б
У	Н	И	В	Е	Р	С	А	Л	Ь	Н	Ы	Й	Й	А	Л

УСКОРЕНИЕ
АТОМ
ХАОС
ХИМИЧЕСКИЕ
ПЛОТНОСТЬ
РАСШИРЕНИЕ
ЭЛЕКТРОН
ФОРМУЛА
ЧАСТОТА
ГАЗ
ГРАВИТАЦИЯ
МАГНЕТИЗМ
МАССА
МЕХАНИКА
МОЛЕКУЛА
ДВИГАТЕЛЬ
ЯДЕРНЫЙ
ЧАСТИЦА
УНИВЕРСАЛЬНЫЙ
СКОРОСТЬ

17 - Types de Cheveux

У	Ж	Ж	Ъ	Й	Ы	Н	Е	Т	Е	Л	П	Б	А	Я	Д
А	Г	Е	Ф	Ш	Г	Х	С	Ы	О	Р	Б	Е	Р	Е	С
В	Ъ	Х	Ъ	Ы	И	Р	Л	Ь	К	Л	К	Я	Х	А	К
Б	Е	Л	Ы	Й	Ы	Н	Р	Е	Ч	У	С	Б	Ж	У	У
О	Б	С	Т	О	З	Р	Л	Щ	Л	Ю	Д	Т	Ч	В	Д
Д	Л	Ш	Г	Н	Д	М	Щ	Ц	Ж	А	Н	Р	Ы	Ь	Р
Л	О	Л	Л	Т	О	П	О	Ж	Г	Ь	Ъ	О	И	Й	Я
Ъ	Н	Ф	О	Е	Р	Д	Л	И	Н	Н	Ы	Й	Т	И	В
И	Д	Ь	Й	В	О	Б	Я	Х	Г	Ш	Ж	Ф	Я	К	Ы
Ю	И	П	Ы	Ц	В	Ж	В	А	Ф	М	Р	Ъ	Д	Н	Й
Ы	Н	И	С	Ы	Ы	М	Я	Г	К	И	Й	Ц	Т	О	Л
С	Е	Р	Ы	Й	Й	Ш	О	К	А	Т	Ъ	Ю	Б	Т	С
О	В	Б	Л	Е	С	Т	Я	Щ	И	Й	О	Ь	Г	К	У
К	О	Р	И	Ч	Н	Е	В	Ы	Й	Ю	Х	Р	Ю	Д	Х
Е	Р	П	К	Е	Н	Д	Г	Л	Ы	Ж	Г	О	О	Щ	О
П	В	Р	К	Е	Щ	Р	Т	Ь	Ф	Ю	Г	О	Н	К	Й

СЕРЕБРО
БЕЛЫЙ
БЛОНДИН
КУДРИ
БЛЕСТЯЩИЙ
ЛЫСЫЙ
ЦВЕТНОЙ
КОРОТКАЯ
МЯГКИЙ
ТОЛСТЫЙ

КУДРЯВЫЙ
СЕРЫЙ
ДЛИННЫЙ
КОРИЧНЕВЫЙ
ТОНКИЙ
ЧЕРНЫЙ
ЗДОРОВЫЙ
СУХОЙ
КОСЫ
ПЛЕТЕНЫЙ

18 - Archéologie

Ц	И	В	И	Л	И	З	А	Ц	И	Я	Х	К	О	П	Д
Б	Ч	Ъ	И	Т	П	Ч	Т	Т	Г	А	Ф	Д	Е	О	Р
Й	Ы	Н	Т	С	Е	В	З	И	Е	Н	А	Р	Э	Т	Е
Р	Ъ	Г	П	Н	К	П	О	Т	Г	Й	Н	М	И	О	В
Ы	Е	Ь	О	Х	Т	О	Ж	О	О	А	А	О	С	М	Н
Г	М	Л	С	Б	Л	С	П	Д	Д	Т	Л	Г	С	О	О
Ю	Ч	Е	И	Щ	Ъ	Ъ	Ф	А	Ы	Х	И	И	Л	К	С
Л	Л	Р	А	К	Н	Е	Ц	О	Е	Д	З	Л	Е	И	Т
В	О	О	Ч	П	В	Б	К	Ь	А	М	Р	А	Д	Х	Ь
К	О	С	Т	И	И	И	Ъ	Т	Й	К	О	Б	О	Р	Ш
Э	К	С	П	Е	Р	Т	Я	Я	Ы	О	Ф	Е	В	А	Х
Л	Ф	Е	Щ	А	Ф	Щ	Л	Ф	Т	М	Т	Ь	А	М	Щ
Р	И	Ф	П	Б	Т	Ъ	Ц	У	Ы	А	Т	Ф	Т	Щ	Ч
Ф	Ь	О	Х	Б	Ф	Д	О	Л	Б	Н	Щ	Я	Е	Ь	В
Щ	Ь	Р	Б	Ь	А	Р	И	Х	А	Д	Ь	В	Л	Б	Я
Т	Ж	П	Ч	В	Л	К	У	Ю	З	А	Н	Ъ	Ь	Т	К

АНАЛИЗ
ГОДЫ
ДРЕВНОСТЬ
ИССЛЕДОВАТЕЛЬ
ЦИВИЛИЗАЦИЯ
ПОТОМОК
ЭКСПЕРТ
ЭРА
КОМАНДА
ОЦЕНКА
ИСКОПАЕМОЕ
НЕИЗВЕСТНЫЙ
ТАЙНА
ОБЪЕКТЫ
КОСТИ
ЗАБЫТЫЙ
ПРОФЕССОР
РЕЛИКВИЯ
ХРАМ
МОГИЛА

19 - Mammifères

М	Е	В	К	К	Х	Л	Н	П	Ъ	Ь	Щ	И	Д	М	Ш
Ь	Щ	О	Е	О	Л	О	Д	Е	Л	Ж	Щ	М	П	К	И
Ъ	Ь	Л	Н	Й	Г	О	Ы	У	В	Ж	С	Ь	Ш	Я	С
Ы	У	К	Г	О	Г	Ч	Ш	Г	Х	Щ	Ж	Ъ	Я	Ы	Л
Д	П	Х	У	Т	И	К	Е	А	Ц	В	О	Л	Е	В	О
Т	Е	Ю	Р	П	Ц	Ш	Н	Ж	Д	Ъ	В	Г	Ш	Н	Н
И	Н	Л	У	Р	Ы	Ь	У	И	Ь	Ь	Е	А	Г	Ф	О
Г	Б	О	Ь	Ы	О	М	Л	Р	П	Д	Ц	К	К	М	Б
Р	Х	В	Р	Ф	Ф	С	О	А	Ы	Е	Л	И	С	А	Е
Ъ	У	И	Л	Е	И	Н	В	Ф	Ю	В	Л	У	Е	К	З
Ж	К	О	Ш	К	А	Н	Е	Я	Щ	Д	Щ	И	В	А	Ь
Ж	Г	О	Р	И	Л	Л	А	Б	С	Е	М	Е	Ц	Б	Я
Я	Т	М	Ч	И	Ч	Е	Р	М	Ы	М	Г	Щ	И	О	Н
К	Р	О	Л	И	К	Р	Б	У	И	К	Г	Н	М	С	А
Ы	И	Д	Б	Р	Р	О	Е	О	Ф	У	Т	Л	А	Щ	О
Щ	Л	М	Е	В	К	Н	З	Е	Я	П	Ы	Ф	Ы	Ц	Н

КИТ
КОШКА
ЛОШАДЬ
СОБАКА
КОЙОТ
ДЕЛЬФИН
СЛОН
ЖИРАФ
ГОРИЛЛА
КЕНГУРУ
КРОЛИК
ЛЕВ
ВОЛК
ОВЦА
МЕДВЕДЬ
ЛИСА
ОБЕЗЬЯНА
БЫК
ТИГР
ЗЕБРА

20 - Chocolat

Е	Ш	В	К	Д	В	Б	Л	Ч	Ы	С	И	Х	А	Р	А
К	О	К	О	С	Г	У	И	Г	Ъ	К	Н	Н	Ж	А	А
Ы	Ж	В	Щ	Р	В	Д	Ч	Е	И	А	Г	Ы	Б	Х	Н
С	Р	Ц	Т	А	М	О	Р	А	К	Р	Р	П	Е	А	Т
С	Ъ	П	Г	С	Щ	Ы	Ф	А	Ч	А	Е	О	С	С	И
Ж	Н	О	Г	О	Е	Л	Е	О	Ф	М	Д	Р	Т	Ы	О
Т	П	Ш	Х	С	В	Ч	Ц	Я	Р	Е	И	О	Д	Ч	К
К	Д	Л	В	Л	А	К	А	Ы	Е	Л	Е	Ш	У	Ф	С
С	Л	А	Д	К	И	Й	У	К	Ц	Ь	Н	О	Ъ	Щ	И
К	А	Л	О	Р	И	И	И	С	Е	В	Т	К	М	Ь	Д
В	Ж	Ъ	К	Г	Н	С	У	Ь	П	Г	Л	Ы	Ш	Ш	А
В	Е	Й	И	К	С	Е	Ч	И	Т	О	З	К	Э	Х	Н
К	О	Н	Ф	Е	Т	Ы	А	Ъ	Щ	К	А	К	А	О	Т
Х	Я	Ц	Л	Ю	Б	И	М	Ы	Й	И	К	Ь	Р	О	Г
К	У	Ц	С	П	В	К	У	С	Н	Ы	Й	Ч	Л	Л	Г
Д	А	Я	А	Ы	У	Р	Б	Е	С	Щ	Ь	Ъ	Ю	Ю	Е

ГОРЬКИЙ
АНТИОКСИДАНТ
АРОМАТ
КОНФЕТЫ
АРАХИС
КАКАО
КАЛОРИИ
КАРАМЕЛЬ
ВКУСНЫЙ
СЛАДКИЙ
ЭКЗОТИЧЕСКИЙ
ЛЮБИМЫЙ
ВКУС
ИНГРЕДИЕНТ
КОКОС
ПОРОШОК
КАЧЕСТВО
РЕЦЕПТ
САХАР

21 - Mathématiques

С	У	М	М	А	С	У	О	Б	Ъ	Е	М	Р	А	К	Д
И	Б	О	С	К	И	Ъ	Р	У	Ь	В	П	А	Ц	Ъ	Е
П	Л	Е	Ж	И	М	Ю	Я	А	Г	Ю	У	Д	Б	Ф	С
О	П	Г	А	Т	М	Я	Л	П	В	Л	П	И	О	Ц	Я
Л	Ж	Ю	Ш	Е	Е	Ф	У	Ш	Е	Н	Ы	У	Д	Д	Т
И	Ц	Ч	Ф	М	Т	Ш	К	М	Т	Р	Е	С	Ц	Ц	И
Г	М	Т	Р	Ф	Р	Ь	И	Ы	У	Т	И	Н	Ъ	В	Ч
О	У	Н	О	И	И	Ы	Д	О	Х	Е	И	М	И	Е	Н
Н	Ж	Е	К	Р	Я	Н	Н	Д	У	М	Л	О	Е	Е	Ы
Ъ	Р	Н	Ф	А	Ь	Л	Е	Л	Л	А	Р	А	П	Т	Й
П	Л	О	Щ	А	Д	Ь	П	Ъ	Т	И	Г	Р	Щ	Я	Р
Н	М	П	Р	О	Ф	Я	Р	Щ	Ч	Д	Ж	Е	А	Ы	Л
Ь	И	С	Я	И	Р	Т	Е	М	О	Е	Г	Ф	О	Г	Н
Ы	А	К	Е	А	Г	М	П	П	И	С	П	С	Д	М	Б
Ы	А	Э	Ш	В	Д	Н	Ф	Р	А	К	Ц	И	Я	У	А
П	Р	Я	М	О	У	Г	О	Л	Ь	Н	И	К	Ц	Ъ	Ч

УГЛЫ
АРИФМЕТИКА
ПЛОЩАДЬ
ДЕСЯТИЧНЫЙ
ДИАМЕТР
ЭКСПОНЕНТ
УРАВНЕНИЕ
ФРАКЦИЯ
ГЕОМЕТРИЯ
ПАРАЛЛЕЛЬ
ПЕРПЕНДИКУЛЯР
ПЕРИМЕТР
ПОЛИГОН
РАДИУС
ПРЯМОУГОЛЬНИК
СУММА
СФЕРА
СИММЕТРИЯ
ОБЪЕМ

22 - Mythologie

Ь	Х	Ъ	Н	А	Щ	Р	Ъ	А	Д	Н	Е	Г	Е	Л	Р
У	Б	Е	Ж	Д	Е	Н	И	Я	Р	Т	Ъ	Щ	А	К	Е
Б	Е	С	С	М	Е	Р	Т	И	Е	Х	К	В	А	Ф	В
Ч	Ы	Ш	Л	Ф	В	Е	Л	М	У	Е	Е	Е	Л	Н	Н
Я	В	Р	К	В	К	М	Д	Ъ	Р	Е	Г	Т	А	У	О
Б	Х	Ю	Я	А	И	И	Е	Ф	Д	П	Р	В	И	М	С
Л	А	Б	И	Р	И	Н	Т	Т	Щ	Я	О	О	Л	П	Т
Н	Г	Ю	Ъ	Х	Ф	Ф	Х	Ъ	Д	Л	М	И	А	Ф	Ь
Ы	К	У	Л	Ь	Т	У	Р	А	Л	И	С	Н	Ь	Я	М
С	О	З	Д	А	Н	И	Е	И	Н	Е	Д	Е	В	О	П
Ю	П	П	Г	Б	Ц	Ы	М	У	Ь	О	В	Л	Ъ	Ц	Г
М	Е	С	Т	Ь	А	Ф	О	Р	Т	С	А	Т	А	К	Е
П	С	Ч	Х	Я	Й	Ы	Н	Б	Е	Ш	Л	О	В	Л	Р
М	О	Л	Н	И	Я	А	С	Ъ	Ж	Щ	Т	Т	А	С	О
Ю	Ь	Н	Ж	К	О	В	Т	С	Е	Щ	У	С	Ъ	Ь	Й
Р	В	Ш	Й	Ы	Н	Т	Р	Е	М	С	Ц	Ю	К	О	Ы

АРХЕТИП
КАТАСТРОФА
ПОВЕДЕНИЕ
СОЗДАНИЕ
СУЩЕСТВО
УБЕЖДЕНИЯ
КУЛЬТУРА
МОЛНИЯ
СИЛА
ВОИН
ГЕРОЙ
БЕССМЕРТИЕ
РЕВНОСТЬ
ЛАБИРИНТ
ЛЕГЕНДА
ВОЛШЕБНЫЙ
МОНСТР
СМЕРТНЫЙ
ГРОМ
МЕСТЬ

23 - Restaurant #2

О	В	О	Щ	И	Ш	М	С	П	Е	Ц	И	И	Ш	Б	О
Ы	Я	Ш	Ь	О	Ш	Щ	В	У	Ъ	Ф	С	Ь	М	Ц	Д
Ч	Ь	А	Ы	Ь	Ж	К	Т	С	Л	Д	У	В	Щ	Т	Ч
Е	Ю	Н	Я	С	Ц	С	Ц	Е	Н	Б	В	И	Г	Ч	Л
А	А	А	Д	О	В	В	П	М	Н	Ц	Р	Л	Ч	Я	И
И	О	П	Ш	З	А	К	У	С	К	А	Ъ	К	Р	Л	Р
У	Ж	И	Х	П	Ю	Щ	Ь	Р	Ч	Ж	О	А	И	Ф	Щ
Ф	Ю	Т	У	Щ	А	Л	Е	Д	Ы	С	О	Л	Ь	Л	Ы
Б	М	О	М	Ы	Ч	Л	К	Е	Р	Б	Д	Д	Ф	О	Т
Д	Ц	К	А	Я	Т	У	Ю	Б	Б	Т	А	О	Р	Ф	Л
К	Х	Ц	Я	Ж	У	Т	Р	О	Т	К	У	Р	Ф	И	О
Ы	Е	Ь	Ш	А	Т	С	П	Ч	Ж	Л	Л	Щ	Г	Ц	Ж
Я	П	Ю	Ь	Д	Ш	О	Ф	К	Ч	У	Ъ	Т	Ж	И	К
Ю	Й	Е	К	Ц	Х	В	К	У	С	Н	Ы	Й	А	А	А
Я	Ц	Ц	Ю	Ъ	Ж	Л	Ы	Ю	Ь	Ы	С	Щ	У	Н	Ш
Б	Ч	Т	А	Л	А	С	Б	Т	У	Ч	Ф	Щ	П	Т	У

ЗАКУСКА
НАПИТОК
СТУЛ
ЛОЖКА
ОБЕД
ВКУСНЫЙ
ВОДА
СПЕЦИИ
ВИЛКА
ФРУКТ
ТОРТ
ЛЕД
ОВОЩИ
ЛАПША
ЯЙЦА
РЫБА
САЛАТ
СОЛЬ
ОФИЦИАНТ
СУП

24 - Beauté

И	П	Ы	Ц	Г	Х	Я	Т	Ф	П	Ь	И	Ъ	Г	Н	Ш
К	О	С	М	Е	Т	И	К	А	Р	Е	Ц	Е	Л	Ж	Н
П	Н	Э	Р	И	М	Ц	С	Ь	Н	У	П	М	А	Ш	П
Р	В	Ф	Л	Я	Ш	А	У	С	Л	У	Г	И	Д	Я	О
О	Ж	Ъ	Ф	Е	А	Р	Ж	Т	Е	К	Ю	М	К	Ц	М
Д	М	Р	Д	О	Г	Г	Ф	Д	Г	К	Ш	У	И	Б	А
У	Щ	А	Ь	Е	Т	А	Ч	Щ	Н	О	Х	Ю	Й	Е	Д
К	К	Т	С	С	П	Г	Н	З	Е	Р	К	А	Л	О	А
Т	Л	У	Ш	Л	Ч	П	Д	Т	С	И	Л	И	Т	С	А
Ы	Н	Т	Д	И	А	В	В	Р	Н	Ь	К	О	Ж	А	Р
А	С	Ь	Р	Р	М	Ъ	И	Ф	Ж	Ы	Х	П	Ц	Щ	О
Л	Ж	Е	Ы	Ц	И	Н	Ж	О	Н	Л	Й	Г	В	А	М
И	Э	Л	Е	Г	А	Н	Т	Н	О	С	Т	Ь	Е	Ш	А
Ф	О	Т	О	Г	Е	Н	И	Ч	Н	Ы	Й	Ф	Т	П	Т
Ф	Х	И	О	Ч	А	Р	О	В	А	Н	И	Е	С	Ш	П
Ж	У	П	И	К	Х	Ш	Ъ	Ы	М	Ш	Т	Ф	Р	Б	М

КУДРИ
ОЧАРОВАНИЕ
НОЖНИЦЫ
КОСМЕТИКА
ЦВЕТ
ЭЛЕГАНТНОСТЬ
ЭЛЕГАНТНЫЙ
ГРАЦИЯ
МАСЛА
ГЛАДКИЙ
ЗЕРКАЛО
АРОМАТ
КОЖА
ФОТОГЕНИЧНЫЙ
ПРОДУКТЫ
ПОМАДА
УСЛУГИ
ШАМПУНЬ
СТИЛИСТ

25 - Avions

Л	О	Ж	П	В	Р	Н	Л	Я	Ф	М	Д	П	Я	О	О
Ю	О	П	О	Р	О	Б	Е	Н	Ж	Н	Ы	Л	Щ	А	Х
Г	Д	Н	М	К	И	З	Т	О	П	Л	И	В	О	Т	У
Ъ	Х	Й	Ц	Ы	М	К	Д	Н	В	О	Д	О	Р	О	Д
М	Щ	А	Я	Ц	У	Б	Л	У	А	Щ	А	Ф	О	Л	З
Р	Ц	З	У	И	Я	А	Я	Ю	Ш	Д	Я	Д	Х	И	О
Д	В	И	Г	А	Т	Е	Л	Ь	Ч	Н	У	К	П	П	В
Ъ	К	Д	С	Я	Н	Ж	У	Ф	Ц	Е	Ы	В	Г	Ж	У
А	Т	М	О	С	Ф	Е	Р	А	Ч	С	Н	Й	А	Ф	В
К	Б	Ы	Ч	У	И	С	Т	О	Р	И	Я	И	Ш	Т	Х
С	Т	Р	О	И	Т	Е	Л	Ь	С	Т	В	О	Е	А	Ь
У	Ю	П	Ю	Ш	Э	К	И	П	А	Ж	Ы	О	Ж	Ю	Р
П	В	П	О	С	А	Д	К	А	Т	О	С	Ы	В	Р	Ф
С	Д	Ъ	Щ	У	О	П	А	С	С	А	Ж	И	Р	В	И
П	Р	О	П	Е	Л	Л	Е	Р	Ы	Л	У	Ъ	В	Е	Х
Н	А	П	Р	А	В	Л	Е	Н	И	Е	Д	Р	Ж	Б	П

ВОЗДУХ
АТМОСФЕРА
ПОСАДКА
ПРИКЛЮЧЕНИЕ
ВОЗДУШНЫЙ ШАР
ТОПЛИВО
НЕБО
СТРОИТЕЛЬСТВО
СПУСК
ДИЗАЙН
НАПРАВЛЕНИЕ
ЭКИПАЖ
НАДУВАТЬ
ВЫСОТА
ПРОПЕЛЛЕРЫ
ИСТОРИЯ
ВОДОРОД
ДВИГАТЕЛЬ
ПАССАЖИР
ПИЛОТ

26 - Aventure

И	У	Р	О	П	Н	Ы	Ш	И	Ъ	Д	К	Т	Т	Ы	Г
Р	Т	П	Ж	Ы	Ъ	И	А	Т	О	С	А	Р	К	Л	Щ
М	Ь	Я	У	Е	Г	И	Н	Г	Р	Ц	Я	Ы	П	Т	О
М	А	Р	Ш	Р	У	Т	С	Л	П	Р	И	Р	О	Д	А
Н	Е	О	Б	Ы	Ч	Н	Ы	Й	Д	В	С	Я	П	Ы	К
Т	Р	У	Д	Н	О	С	Т	Ь	Е	О	Р	Ы	Г	Ь	В
Ч	Ф	Д	Ф	Н	Ж	Ы	Б	Т	Я	З	У	Р	Э	К	О
Д	Ц	Н	Ц	Ч	Ь	Л	Ф	С	Т	М	К	М	Н	Р	Т
Ц	Ф	О	Ы	Р	Д	Е	И	О	Е	О	С	Ф	Т	Н	О
У	Ь	В	П	Ж	Ш	Х	Г	Р	Л	Ж	К	М	У	Р	Г
Е	Й	Ы	Н	С	А	П	О	Б	Ь	Н	Э	Ю	З	А	Д
Ж	Б	Й	Ф	Ф	Д	Н	Ц	А	Н	О	Ф	Ц	И	Д	О
П	Р	О	Б	Л	Е	М	Ы	Р	О	С	П	Ъ	А	О	П
Щ	Р	Н	Я	Ч	К	О	С	Х	С	Т	Д	Х	З	С	Ж
Н	А	В	И	Г	А	Ц	И	Я	Т	Ь	Ъ	М	М	Т	Ю
К	Щ	Н	Ч	Х	П	Ж	Я	Я	Ь	З	У	Р	Д	Ь	Щ

ДЕЯТЕЛЬНОСТЬ
ДРУЗЬЯ
КРАСОТА
ХРАБРОСТЬ
ШАНС
ОПАСНЫЙ
ПРОБЛЕМЫ
ТРУДНОСТЬ
ЭНТУЗИАЗМ
ЭКСКУРСИЯ
НЕОБЫЧНЫЙ
МАРШРУТ
РАДОСТЬ
ПРИРОДА
НАВИГАЦИЯ
НОВЫЙ
ВОЗМОЖНОСТЬ
ПОДГОТОВКА

27 - Ville

Б	Ъ	А	У	Я	Я	Ц	Ф	С	Р	П	М	Щ	Е	Ш	Щ
И	Х	Р	У	О	А	М	Ъ	Ш	Т	Т	Е	А	Т	Р	А
Б	Т	Ш	Г	Н	К	Н	А	Б	М	А	Ш	Ч	Г	Н	А
Л	Ю	Ы	Ц	О	И	Ь	Т	Ц	Ю	Д	Д	Т	Л	Ш	У
И	Г	Ц	А	Л	Н	В	Ь	Щ	Б	Х	Р	И	Л	С	Х
О	Н	И	К	А	И	Й	Е	З	У	М	С	П	О	Ф	Г
Т	Ж	О	Ш	С	Л	Я	Н	Р	А	К	Е	П	М	Н	А
Е	Ш	П	К	Ш	К	О	Л	А	С	Ч	И	М	А	А	Л
К	Р	Е	С	Т	О	Р	А	Н	А	И	Ф	Н	Б	Э	Е
А	А	П	Т	Е	К	А	К	Н	О	Ф	Т	Д	У	Р	Р
С	У	П	Е	Р	М	А	Р	К	Е	Т	С	Е	В	О	Е
О	Т	Р	Ы	Н	О	К	А	Щ	Ь	Х	И	Н	Т	П	Я
Ш	Т	В	М	Ы	Ж	О	П	Ж	О	У	Р	Б	К	О	Х
Г	К	Е	И	Ы	Т	Л	О	Ш	Г	Ж	О	Ц	Ю	Р	Ю
Е	Щ	С	Л	Б	Ь	В	О	С	Р	Ы	Л	Г	В	Т	В
Р	Ж	Р	Н	Ь	Ш	Ц	З	Г	Ъ	Ю	Ф	Г	П	В	К

АЭРОПОРТ
БАНК
БИБЛИОТЕКА
ПЕКАРНЯ
КИНО
КЛИНИКА
ШКОЛА
ФЛОРИСТ
ГАЛЕРЕЯ
ОТЕЛЬ
РЫНОК
МУЗЕЙ
АПТЕКА
РЕСТОРАН
САЛОН
СТАДИОН
СУПЕРМАРКЕТ
ТЕАТР
УНИВЕРСИТЕТ
ЗООПАРК

28 - Ingénierie

С	С	Ю	Ъ	Ы	Д	П	Л	Г	Ы	Х	М	У	Ж	Я	Ю
Ж	Т	Т	Ь	Г	Х	И	Г	А	Ч	Ы	Р	Г	И	Н	Л
Ю	В	Р	А	Н	И	Ш	А	М	Ю	Н	О	О	Д	Ю	Ш
А	И	М	О	Б	Н	Щ	Л	Г	Ц	Е	Т	Л	К	Ь	Г
О	И	И	Р	И	И	Ъ	И	Б	Р	И	О	Ф	О	Р	Д
С	Г	Г	Я	С	Т	Л	С	Ь	Ч	А	М	Ч	С	А	И
Ь	Ъ	Е	Д	М	П	Е	Ь	Г	Ь	Н	М	Ц	Т	С	З
Д	И	А	М	Е	Т	Р	Л	Н	Д	О	Т	М	Ь	Ч	Е
Ш	Е	С	Т	Е	Р	Н	И	Ь	О	Щ	Х	Н	А	Е	Л
И	З	М	Е	Р	Е	Н	И	Е	С	С	В	Н	К	Т	Ь
Э	Н	Е	Р	Г	И	Я	Ю	Г	М	Т	Т	У	Щ	Х	Ц
С	Т	Р	У	К	Т	У	Р	А	У	Я	В	Ь	Н	Г	Т
Ы	Р	Б	Ц	М	Ь	Щ	Ь	В	Ш	О	Н	О	Ч	А	У
Р	А	Е	Н	Х	Ч	Щ	С	П	Р	О	Т	О	Х	В	П
Ъ	В	Р	А	Щ	Е	Н	И	Е	Г	Л	У	Б	И	Н	А
Р	А	С	П	Р	Е	Д	Е	Л	Е	Н	И	Е	У	И	И

УГОЛ
ОСЬ
РАСЧЕТ
СТРОИТЕЛЬСТВО
ДИАГРАММА
ДИАМЕТР
ДИЗЕЛЬ
РАСПРЕДЕЛЕНИЕ
ШЕСТЕРНИ
ЭНЕРГИЯ
СИЛА
РЫЧАГИ
ЖИДКОСТЬ
МАШИНА
ИЗМЕРЕНИЕ
МОТОР
ГЛУБИНА
ВРАЩЕНИЕ
СТАБИЛЬНОСТЬ
СТРУКТУРА

29 - Cuisine

Д	Д	П	Е	Л	Н	И	Я	Я	Ф	Р	М	Ч	Ъ	У	О
М	Ц	Ш	Я	Ч	Н	Ц	Ы	Ф	А	Ъ	Е	У	Ю	Ф	Ю
М	А	Ч	Ю	Я	Ю	Ъ	Ы	Ц	Р	А	Ь	Ц	Я	Л	Н
М	Ш	Ь	Ч	Е	П	М	Н	Ш	Т	Щ	М	Ь	Е	О	Д
Щ	С	Л	А	К	Н	А	Б	В	У	П	Ь	И	К	П	Н
М	А	И	Й	У	Ц	Г	Щ	Ю	К	М	Ж	О	У	Ъ	Т
Ь	Ч	Р	Н	Ж	Я	М	Н	Т	И	О	Б	А	Н	Ю	Ц
Л	О	Г	И	К	Ж	О	Л	Ч	Н	Р	Ъ	Х	О	Ц	И
А	Т	Е	К	Л	Щ	У	Б	Г	Ь	О	Ж	И	О	П	К
К	Ю	Д	С	П	Е	Ц	И	И	Л	З	В	К	Ж	К	Б
Т	У	А	Ш	А	Ч	Ь	Е	Т	И	И	Л	Ш	Ь	О	К
Е	Л	В	Е	Ж	Ф	Д	И	Щ	Д	Л	Ц	А	С	В	Н
Ф	Ы	Ъ	Ш	В	И	Л	К	И	О	К	Т	Ч	Р	Ш	В
Л	С	Ф	Д	И	Ю	Я	И	Ю	Л	А	К	Б	У	Г	И
А	Ч	Н	Ь	К	Н	О	Ю	Ъ	О	Н	У	Ж	Ц	Ю	П
С	М	К	К	Щ	К	Ш	Ч	А	Х	Б	И	Н	М	Ъ	К

ЧАША
ЧАЙНИК
МОРОЗИЛКА
НОЖИ
КУВШИН
ЛОЖКИ
СПЕЦИИ
ГУБКА
ПЕЧЬ
ВИЛКИ
ГРИЛЬ
КОВШ
ЕДА
БАНКА
РЕЦЕПТ
ХОЛОДИЛЬНИК
САЛФЕТКА
ФАРТУК
ЧАШКИ

30 - Corps Humain

П	Х	К	О	А	Е	П	Ч	Ы	П	Щ	Х	К	В	Т	И
Л	Л	Ц	А	Щ	Ю	Е	Е	Г	И	Ъ	С	Я	Р	Р	Щ
О	У	Е	Ж	Д	Ы	К	Л	П	Ш	Г	Ъ	Л	С	Б	Р
К	Н	Г	Ч	У	Ы	Г	Ю	Ы	Ь	Е	Щ	А	Ю	Ф	Ъ
О	Ц	И	Л	О	В	Х	С	Ж	Д	Л	Ъ	Р	И	Ч	Ц
Т	К	Ю	Ь	Х	Ъ	С	Т	П	Щ	Ы	К	Г	З	О	М
Ь	О	В	О	У	Р	О	Ь	Н	О	С	Ъ	О	О	Ш	Б
Ю	Д	К	Ч	Ж	С	Я	У	В	К	У	Щ	Л	В	Щ	Д
К	О	Л	Е	Н	О	Ш	Е	Я	О	С	Т	О	Л	Я	К
Ч	Р	Ж	И	А	А	К	Ж	Т	М	Р	Ь	В	О	О	Ц
Г	О	П	С	Ж	Е	Л	У	Д	О	К	К	А	Д	Ж	Ц
К	Б	Р	Е	О	Я	Ь	Р	Я	О	Ж	И	К	Ы	Б	Р
И	Д	С	Р	К	Б	К	М	Л	Г	И	Ю	У	Ж	Я	И
С	О	Т	Д	Ц	Р	Х	И	Т	Ф	У	Л	Р	К	Ч	К
Л	П	Я	Ц	Ы	Р	О	Т	А	Н	Щ	Б	Р	А	О	Ы
Ъ	Ъ	Ф	Е	П	А	Л	Е	Ц	Ж	М	Ж	Ы	Ш	Ф	Ю

РОТ
МОЗГ
ЛОДЫЖКА
ШЕЯ
ЛОКОТЬ
СЕРДЦЕ
ПАЛЕЦ
ЖЕЛУДОК
ПЛЕЧО
КОЛЕНО
ГУБЫ
РУКА
ЧЕЛЮСТЬ
ПОДБОРОДОК
НОС
УХО
КОЖА
КРОВЬ
ГОЛОВА
ЛИЦО

31 - Biologie

В	Ш	В	Ь	Н	Ь	И	И	Р	Е	Т	К	А	Б	Н	Э
Х	Я	Ч	Е	Й	К	А	М	Е	И	И	Ш	Щ	А	Е	В
У	Р	Ф	П	Г	Н	Ы	Ф	П	Я	Ч	П	Н	Й	Й	О
Г	Ю	О	Ш	Я	И	Ц	А	Т	У	М	У	М	Ы	Р	Л
М	О	У	М	Я	Ц	З	О	И	Б	М	И	С	Н	О	Ю
Н	Ж	Р	И	О	К	Ы	Я	Л	Н	Ч	С	Ц	Н	Н	Ц
Х	Р	Б	М	Ж	С	В	Ь	И	Е	К	О	Л	Е	Б	И
Ч	М	Ы	Т	О	О	О	К	Я	Р	Т	С	Т	В	Б	Я
Ы	О	Г	У	Г	Н	А	М	О	В	Ф	М	Ъ	Т	В	М
Ф	Е	Р	М	Е	Н	Т	Т	А	Л	Ш	О	В	С	С	Э
Ф	О	Т	О	С	И	Н	Т	Е	З	Л	С	А	Е	Ж	М
С	И	Н	А	П	С	П	К	К	О	К	А	М	Т	Х	Б
А	Н	А	Т	О	М	И	Я	И	О	Р	Ф	Г	С	Ъ	Р
М	Л	Е	К	О	П	И	Т	А	Ю	Щ	Е	Е	Е	Х	И
Б	Ж	И	Я	Л	Ф	Я	Т	К	П	Ж	У	Х	Ф	Н	О
С	Ш	Щ	А	Ц	Ч	Х	У	Ю	Ж	Ф	К	О	Г	Д	Н

АНАТОМИЯ
БАКТЕРИИ
ЯЧЕЙКА
ХРОМОСОМА
КОЛЛАГЕН
ЭМБРИОН
ФЕРМЕНТ
ЭВОЛЮЦИЯ
ГОРМОН
МЛЕКОПИТАЮЩЕЕ
МУТАЦИЯ
ЕСТЕСТВЕННЫЙ
НЕРВ
НЕЙРОН
ОСМОС
ФОТОСИНТЕЗ
БЕЛОК
РЕПТИЛИЯ
СИМБИОЗ
СИНАПС

32 - Épices

В	А	Б	В	Ю	Р	П	Щ	С	Ю	Б	Д	Щ	П	Ъ	Л
В	К	Ш	Ц	И	Ч	Е	С	Н	О	К	У	Т	А	Н	Т
А	И	У	А	М	Ч	Ч	Ж	Х	Х	Я	Р	Ъ	Ж	А	Ж
Н	Р	А	С	Б	Ш	Й	И	К	Ь	Р	О	Г	И	Т	О
И	П	Г	Б	И	Е	Ы	Я	А	У	И	О	О	Т	М	Ш
Л	А	Е	Я	Р	Я	Л	Ф	Р	Ь	Л	О	С	Н	И	А
Ь	П	С	Ф	Ь	Ж	С	Б	Д	Ф	Ы	У	Б	И	Н	Ф
Д	Ы	Ч	У	Ф	С	И	Н	А	Л	Х	К	П	К	С	Р
И	Ф	А	О	У	Ш	К	Е	М	Ц	Е	Р	Е	П	А	А
Б	В	Ъ	Ф	И	Ж	Ж	Ъ	О	А	И	Р	Р	А	К	Н
Ю	С	Ю	Л	Ч	Е	Р	Д	Н	А	И	Р	О	К	Ф	В
С	О	Л	О	Д	К	А	В	Ы	Ч	Ь	Щ	О	В	Щ	Ф
Х	Б	Н	М	Д	Т	Ф	Е	Н	Х	Е	Л	Ь	К	Я	Ц
К	Щ	Я	В	Ь	Ь	Я	Щ	Ч	В	Ф	Е	А	Т	Р	Ж
Б	Ц	Е	Т	Ь	К	Ш	Д	Д	Ъ	Б	Л	Ц	Б	Г	Ж
Ь	К	Ф	Ю	Щ	Л	Г	А	Р	Ю	К	О	Ж	Ч	М	В

КИСЛЫЙ
ЧЕСНОК
ГОРЬКИЙ
АНИС
КОРИЦА
КАРДАМОН
КОРИАНДР
ТМИН
КАРРИ
ФЕНХЕЛЬ
ПАЖИТНИК
ИМБИРЬ
ЛУК
ПАПРИКА
ПЕРЕЦ
СОЛОДКА
ШАФРАН
ВКУС
СОЛЬ
ВАНИЛЬ

33 - Agronomie

И	С	С	Л	Е	Д	О	В	А	Н	И	Е	С	Ш	Л	Ъ
Е	П	Ж	Б	М	Д	Ъ	Т	Ж	П	Ю	У	Г	В	С	Х
А	Ы	Б	И	Д	Е	Н	Т	И	Ф	И	К	А	Ц	И	Я
К	Ь	К	Ъ	О	Ю	М	Й	Щ	А	Ъ	А	А	Ь	Р	Ы
У	П	Ш	Ь	П	Р	О	И	З	В	О	Д	С	Т	В	О
А	Д	Ж	Е	Ж	Я	Д	К	Щ	Ч	Х	О	Ф	А	Б	Р
Н	Х	О	К	Т	И	Ф	С	Ж	О	Ц	В	Е	Ч	О	Я
Ж	А	И	Б	Щ	Г	Б	Ь	А	П	В	Ж	Д	У	Л	Х
Г	Г	Ш	М	Р	Р	Р	Л	Г	А	И	О	В	З	Е	У
Ю	П	Ч	А	Н	Е	М	Е	С	С	Д	У	Т	И	З	И
Д	Ч	Р	П	Т	Н	Н	С	Э	Р	О	З	И	Я	Н	Ж
Ч	Ю	О	Ш	Д	Э	Я	И	Г	О	Л	О	К	Э	И	Е
Ь	Г	С	Е	В	Ъ	Ы	М	Е	Т	С	И	С	Е	Д	Д
Р	С	Т	О	Р	Г	А	Н	И	Ч	Е	С	К	И	Й	А
З	А	Г	Р	Я	З	Н	Е	Н	И	Е	Т	Л	Н	Ф	Ы
И	Т	Ф	Т	Ш	Ю	Н	П	Ь	Р	Я	Ж	Т	П	К	В

РОСТ
ВОДА
УДОБРЕНИЕ
ЭКОЛОГИЯ
ЭНЕРГИЯ
ЭРОЗИЯ
ИЗУЧАТЬ
СЕМЕНА
ИДЕНТИФИКАЦИЯ
ОВОЩИ
БОЛЕЗНИ
ЕДА
ОРГАНИЧЕСКИЙ
ЗАГРЯЗНЕНИЕ
ПРОИЗВОДСТВО
ИССЛЕДОВАНИЕ
СЕЛЬСКИЙ
НАУКА
ПОЧВА
СИСТЕМЫ

34 - Science

Л	А	Б	О	Р	А	Т	О	Р	И	Я	Ш	М	П	Ч	Е
Г	Р	А	В	И	Т	А	Ц	И	Я	Б	Х	О	Р	А	Х
У	Ч	Е	Н	Ы	Й	Д	А	Н	Н	Ы	Е	Л	И	С	А
В	Ь	В	Ч	А	Р	И	Г	Р	Н	Н	Г	Е	Р	Т	Ш
Н	А	Б	Л	Ю	Д	Е	Н	И	Е	Ъ	У	К	О	И	М
П	Э	У	П	Ы	О	Щ	Ц	Е	Ш	Ж	Ш	У	Д	Ц	З
О	Ц	В	Ч	Ш	Ш	Л	Ю	Ц	Ч	М	Ш	Л	А	Ы	И
Ъ	Р	Е	О	М	Е	А	П	О	К	С	И	Ы	Б	Ф	Н
Х	Я	У	В	Л	П	У	Ь	Г	И	П	О	Т	Е	З	А
А	Л	К	С	О	Ю	Ь	Р	Р	Ф	А	К	Т	Т	Ф	Г
Л	Т	Щ	Е	Х	О	Ц	Ч	Ц	Ж	А	Е	Р	Т	И	Р
Я	М	О	Т	Н	Е	М	И	Р	Е	П	С	К	Э	З	О
В	Т	А	М	И	Л	К	Х	Я	Ф	Ъ	П	Л	А	И	С
М	И	Н	Е	Р	А	Л	Ы	Е	И	Ъ	Я	П	Р	К	П
М	Е	Т	О	Д	И	Ъ	М	Д	Х	Н	У	Ю	Х	А	П
Щ	Н	О	О	Ы	Ф	Х	И	М	И	Ч	Е	С	К	И	Е

АТОМ
ХИМИЧЕСКИЕ
КЛИМАТ
ДАННЫЕ
ЭКСПЕРИМЕНТ
ЭВОЛЮЦИЯ
ФАКТ
ИСКОПАЕМОЕ
ГРАВИТАЦИЯ
ГИПОТЕЗА
ЛАБОРАТОРИЯ
МЕТОД
МИНЕРАЛЫ
МОЛЕКУЛЫ
ПРИРОДА
НАБЛЮДЕНИЕ
ОРГАНИЗМ
ЧАСТИЦЫ
ФИЗИКА
УЧЕНЫЙ

35 - Vêtements

А	Ь	В	К	Г	С	Г	Т	Е	Н	Т	Х	Ч	Х	Ж	Ш
А	Б	Б	Я	Я	П	В	П	И	Ж	А	М	А	Ц	Т	Ь
Д	Ж	И	Н	С	Ы	С	Д	О	Ы	Н	М	Ц	Л	Б	Д
Р	К	Ш	Е	Ф	Ю	К	У	Т	Р	А	Ф	Н	Ш	Л	П
Л	А	Я	А	П	Л	А	Т	Ь	Е	Ч	А	У	Ш	У	О
Ь	У	Щ	Р	Р	И	И	И	Л	А	Д	Н	А	С	З	Б
Г	Я	А	Т	П	Ф	К	Ь	А	П	О	Д	Р	В	А	У
Г	Р	Ф	Ф	О	Ц	Ю	Ы	П	Я	Ч	О	У	И	О	В
М	О	Д	А	Я	Г	Р	П	Б	Л	Б	Ш	Б	Т	Ж	Ь
Ю	Б	К	А	С	П	Б	П	Е	Ш	Ш	О	А	Е	Е	Ь
Б	Р	А	С	Л	Е	Т	Г	Н	Р	Ш	Р	Ш	Р	Р	С
И	Г	К	П	Д	Ш	Р	И	Ф	Щ	Ч	Б	К	Б	Е	Н
О	Ч	Т	С	В	Р	О	Б	А	О	Р	А	А	Я	Л	О
Т	Д	Р	Х	Ф	К	В	Ъ	Ц	А	Л	Я	Т	М	Ь	И
Р	Ч	У	К	Ж	Б	Ш	Д	Е	Ь	Л	Ж	Щ	К	Е	Р
Ю	Ъ	К	Е	Д	Д	Ю	П	Л	Ч	Ш	Х	Ы	А	И	О

БРАСЛЕТ
ПОЯС
ШЛЯПА
ОБУВЬ
РУБАШКА
БЛУЗА
ОЖЕРЕЛЬЕ
ШАРФ
ПЕРЧАТКИ
ДЖИНСЫ
ЮБКА
ПАЛЬТО
МОДА
БРЮКИ
СВИТЕР
ПИЖАМА
ПЛАТЬЕ
САНДАЛИИ
ФАРТУК
КУРТКА

36 - Arts Visuels

М	О	Л	Ь	Б	Е	Р	Т	Ш	Ь	П	Ъ	Ф	О	К	К
Ъ	К	Ж	Ч	Б	Т	В	Ъ	Щ	П	У	Ч	Ы	Б	Р	Е
Я	П	Е	Р	С	П	Е	К	Т	И	В	А	Ы	Ю	Е	Р
И	В	Ъ	Ъ	С	И	К	Т	К	Г	У	Д	Ь	Ф	А	А
Ф	Ы	Л	Е	Ь	С	Т	Р	А	Ф	А	Р	Е	Т	Т	М
А	П	Ы	Ш	А	Т	Ш	У	У	У	Ш	Х	В	Е	И	И
Р	Р	М	К	А	Р	А	Н	Д	А	Ш	У	О	Р	В	К
Г	Ш	Х	П	Р	Д	Е	Ы	Х	А	И	Д	С	Т	Н	А
О	Е	Д	И	У	Ц	Ф	Б	Ь	А	П	О	К	Р	О	М
Т	Д	Ю	Т	Т	А	Л	К	Ь	О	Ш	Ж	Р	О	С	Е
О	Е	Ш	К	П	Е	М	Ь	Л	И	Ф	Н	У	П	Т	Л
Ф	В	О	Д	Ь	Н	К	Ь	О	Л	Ф	И	Ч	С	Ь	Р
В	Р	Ы	П	Л	Щ	Я	Т	Г	А	У	К	К	Ъ	Ц	Е
Т	У	Д	Ы	У	И	У	П	У	К	Н	Я	А	Н	Ц	О
Ы	И	Г	В	К	В	В	Ж	Ы	Р	Г	Л	И	Н	А	Ц
К	Ц	У	Е	С	Л	Е	Ж	Р	В	А	Т	С	О	С	К

АРХИТЕКТУРА
ГЛИНА
ХУДОЖНИК
КЕРАМИКА
УГОЛЬ
ШЕДЕВР
МОЛЬБЕРТ
ВОСК
СОСТАВ
МЕЛ
КАРАНДАШ
КРЕАТИВНОСТЬ
ФИЛЬМ
ПЕРСПЕКТИВА
ФОТОГРАФИЯ
ТРАФАРЕТ
ПОРТРЕТ
СКУЛЬПТУРА
РУЧКА
ЛАК

37 - Méditation

Б	П	Р	И	Р	О	Д	А	Д	П	М	П	Ж	К	Р	Ъ
Н	Л	Т	Ю	С	Ч	Х	Б	В	Р	И	М	С	Т	Т	А
А	Ш	А	И	Ъ	Т	Ы	С	И	И	Ц	О	М	Э	Щ	Ъ
Б	В	Т	Г	Ш	Ы	Х	Ф	Ж	В	Г	Т	Р	Ш	Н	Л
Л	С	О	М	О	И	Ц	Х	Е	Ы	О	К	Щ	Ш	Г	Ъ
Ю	В	Р	О	У	Д	Н	Х	Н	Ч	Н	С	Я	Щ	М	Р
Д	О	Б	Ъ	Н	З	А	А	И	К	Л	У	П	У	Ь	Р
Е	П	О	Ш	А	Х	Ы	Р	Е	И	Н	А	М	И	Н	В
Н	О	Д	Х	Ь	Ц	Г	К	Н	Д	Ы	Х	А	Н	И	Е
И	З	Д	Ц	М	Н	П	Д	А	О	П	Т	К	О	Ш	И
Е	А	Ю	Й	И	Щ	Ю	У	В	Т	С	Р	Д	О	Б	Т
П	Г	У	А	Я	С	Н	О	С	Т	Ь	Т	У	Ъ	И	Я
С	О	С	Т	Р	А	Д	А	Н	И	Е	Н	Ь	Ю	Т	Н
У	М	С	Т	В	Е	Н	Н	Ы	Й	Ж	М	Р	Т	И	И
Д	Щ	Ь	Ю	Я	Ь	С	П	О	К	О	Й	Н	Ы	Й	Р
У	С	А	Ы	Л	А	В	И	Т	К	Е	П	С	Р	Е	П

ПРИНЯТИЕ
ВНИМАНИЕ
СПОКОЙНЫЙ
ЯСНОСТЬ
СОСТРАДАНИЕ
ЭМОЦИИ
БОДРСТВУЮЩИЙ
ДОБРОТА
БЛАГОДАРНОСТЬ
ПРИВЫЧКИ
УМСТВЕННЫЙ
ДВИЖЕНИЕ
МУЗЫКА
ПРИРОДА
НАБЛЮДЕНИЕ
МИР
ПЕРСПЕКТИВА
ПОЗА
ДЫХАНИЕ
ТИШИНА

38 - Littérature

Т	В	А	М	Е	Т	О	Д	К	Е	Н	А	Б	Р	Т	Ш
Ю	С	Н	А	М	О	Р	Д	М	Ь	Р	Ж	М	И	Р	Б
П	Ь	А	Я	В	Н	И	Е	И	Ы	Л	Ч	А	Ф	А	И
Б	Ж	Л	Я	Ц	Ш	Г	У	К	Д	З	Е	Д	М	Г	О
К	Щ	О	И	О	Р	М	И	Ш	Ш	И	Х	Ю	А	Е	Г
Ш	П	Г	Д	Т	К	А	Ш	В	Д	Л	А	Ч	Ж	Д	Р
Ю	Е	И	Н	А	С	И	П	О	Е	А	К	Л	О	И	А
Ь	Ъ	Я	З	А	К	Л	Ю	Ч	Е	Н	И	Е	О	Я	Ф
М	Е	Т	А	Ф	О	Р	А	Ч	Ф	А	Т	И	Ш	Г	И
С	Ч	Г	Ь	У	М	Е	Л	И	В	Е	Э	Н	Ы	У	Я
Ч	П	Щ	Х	О	Ж	Х	Я	Д	Х	Ш	О	Е	Г	О	Я
С	Ш	Е	Р	А	Ы	Р	Ъ	П	Ч	Г	П	Н	Р	Б	В
О	М	О	Д	Ъ	О	Я	О	С	Т	И	Х	В	Е	В	С
П	У	Я	Я	Б	С	Р	И	Т	М	Я	У	А	Ш	А	О
М	Н	Е	Н	И	Е	Х	И	М	В	Т	Ц	Р	Д	У	Г
А	Г	О	Ы	Л	А	К	И	Ч	З	А	К	С	С	А	Р

АНАЛОГИЯ
АНАЛИЗ
АНЕКДОТ
АВТОР
БИОГРАФИЯ
СРАВНЕНИЕ
ЗАКЛЮЧЕНИЕ
ОПИСАНИЕ
ДИАЛОГ
МЕТАФОРА
РАССКАЗЧИК
МНЕНИЕ
СТИХ
ПОЭТИКА
РИФМА
РОМАН
РИТМ
СТИЛЬ
ТЕМА
ТРАГЕДИЯ

39 - Nourriture #1

Т	Д	Б	В	Ч	Г	М	Б	В	О	Ъ	А	И	Ф	Ъ	Ю
Р	П	И	Ъ	Х	Р	К	О	Ч	Е	С	Н	О	К	Л	Л
Л	У	Щ	Ч	Г	У	О	С	Л	Ф	К	Я	Ц	Ш	С	Г
Д	А	Ъ	В	М	Ш	Ф	Ь	В	О	К	Р	О	М	П	О
Я	Т	Л	Х	Ч	А	Е	Ф	Ы	Ю	К	Ь	Д	К	Б	Ы
Ь	Ъ	О	Ш	Х	П	К	Ф	Ю	Ю	Ю	О	Ш	Р	Р	Ю
Л	У	К	Е	И	У	Б	П	Ч	Е	Е	Ы	Л	Т	Д	Б
К	И	Л	И	З	А	Б	Я	Ч	М	Е	Н	Ь	У	В	Ю
Л	О	С	О	К	П	Я	Н	Я	Ш	С	Д	Л	Н	Н	О
Ч	Щ	Р	Е	П	Е	Л	Ь	Н	Н	Е	К	О	Е	С	Ш
Ч	У	О	И	Ш	Р	Н	И	У	Т	Щ	В	С	Ц	Р	Х
Х	В	Щ	Х	Ц	Ж	В	Ы	М	Ф	О	Ю	Р	Ж	Л	Ф
В	М	А	Ч	Т	А	Л	А	С	О	Ж	М	А	М	Т	В
С	У	П	Ш	П	И	Н	А	Т	К	Н	Ъ	Х	Я	Е	П
Ф	Р	Ч	Ъ	Л	К	Л	У	Б	Н	И	К	А	С	Е	Ц
У	Т	Л	М	Г	И	П	Ц	И	А	Е	Х	С	О	Е	Ы

ЧЕСНОК
БАЗИЛИК
КОФЕ
КОРИЦА
МОРКОВЬ
ЛИМОН
ШПИНАТ
КЛУБНИКА
СОК
МОЛОКО
РЕПА
ЛУК
ЯЧМЕНЬ
ГРУША
САЛАТ
СОЛЬ
СУП
САХАР
ТУНЕЦ
МЯСО

40 - Jours et Mois

О	В	И	Ж	Я	Ц	Ю	Ж	Л	У	Л	Ъ	Х	Р	Ц	В
К	Ы	Ъ	Ш	П	Я	Ь	Р	Х	П	Я	Т	Н	И	Ц	А
Т	В	Д	Ф	Ж	С	Л	Ш	У	Е	Т	И	Т	У	Р	Ю
Я	Ш	П	Т	Г	Е	Ь	Н	Е	С	Е	Р	К	С	О	В
Б	Ч	Р	Н	Б	М	Н	К	О	И	Д	М	Ы	Р	Ц	И
Р	Х	Н	И	Ц	И	Ю	Ъ	А	Я	Л	Е	Д	Е	Н	П
Ь	Р	А	В	Н	Я	И	Ъ	С	Л	Б	С	Р	Е	Д	А
У	Т	С	Е	Н	Т	Я	Б	Р	Ь	Е	Р	И	Ш	Е	Р
П	О	Н	Е	Д	Е	Л	Ь	Н	И	К	Н	Ь	В	Х	Е
А	Т	О	Б	Б	У	С	У	Ч	Ы	Ц	Ю	Д	С	Ъ	Ц
П	С	Е	Ц	Ж	И	Ц	Л	Л	Ы	К	Н	Ш	А	Ь	Т
Р	У	Щ	К	И	Ф	Ш	У	Я	М	Р	Ы	Ю	М	Р	Ы
Е	Г	Ц	Х	Ш	Ф	И	Ь	С	А	Т	Ы	Ч	Ю	Ж	Ь
Л	В	Л	Ч	Ь	Щ	С	Ю	Г	Р	Е	В	Т	Е	Ч	Я
Ь	А	Ш	К	Щ	Ы	Ю	Х	Л	Т	Ц	Л	Ш	Н	Р	Ч
В	Т	О	Р	Н	И	К	Д	Г	Ь	Л	А	Р	В	Е	Ф

АВГУСТ
АПРЕЛЬ
КАЛЕНДАРЬ
ВОСКРЕСЕНЬЕ
ФЕВРАЛЬ
ЯНВАРЬ
ЧЕТВЕРГ
ИЮЛЬ
ИЮНЬ
ПОНЕДЕЛЬНИК
ВТОРНИК
МАРТ
СРЕДА
МЕСЯЦ
НОЯБРЬ
ОКТЯБРЬ
СУББОТА
НЕДЕЛЯ
СЕНТЯБРЬ
ПЯТНИЦА

41 - Jardinage

Щ	О	Й	Д	Ъ	К	Д	Л	Е	Т	И	М	Ф	Б	Г	Ш
В	В	Ы	К	И	Ш	В	М	И	У	Ч	Н	Т	О	Э	Л
Л	У	Н	Г	Н	Щ	У	Ъ	К	В	М	М	Х	Т	К	А
А	Х	Б	К	О	Я	Е	М	С	У	И	В	П	А	З	Н
Г	Ю	О	М	Ы	Б	В	Ж	О	Б	Ю	Д	К	Н	О	Г
А	С	Д	Ъ	Ы	Е	Д	Ю	О	Ч	Ж	А	О	И	Т	Н
С	Р	Е	Н	Й	Е	Т	Н	О	К	Т	С	М	Ч	И	Я
Ъ	Г	Ъ	М	Ш	Ч	Ъ	Ь	Б	Ы	Д	Л	П	Е	Ч	Д
Н	В	С	Ф	Е	Н	М	Ф	Ц	О	Щ	У	О	С	Е	Ш
Г	О	П	Й	Ы	Н	Ч	О	Т	Е	В	Ц	С	К	С	Ь
Ш	Д	С	М	Ж	Ь	А	В	Ч	О	П	Ц	Т	И	К	Е
И	А	Г	Р	Я	З	Ь	В	Р	С	Ю	Ю	Ю	Й	И	У
К	Л	И	М	А	Т	В	Б	Т	Ы	Д	Ю	Ж	Ц	Й	Ф
Б	У	К	Е	Т	С	И	Л	Ь	С	В	Ю	Е	О	Щ	М
Ц	В	Е	Т	Е	Н	И	Е	П	М	И	Р	Е	А	Ь	Ш
С	Е	З	О	Н	Н	Ы	Й	Ж	Ф	И	Л	И	Я	Ы	В

БОТАНИЧЕСКИЙ
БУКЕТ
КЛИМАТ
СЪЕДОБНЫЙ
КОМПОСТ
ВОДА
ВИД
ЭКЗОТИЧЕСКИЙ
ЛИСТВА
ЛИСТ

ЦВЕТЕНИЕ
ЦВЕТОЧНЫЙ
СЕМЕНА
ВЛАГА
КОНТЕЙНЕР
СЕЗОННЫЙ
ГРЯЗЬ
ПОЧВА
ШЛАНГ
САД

42 - Entreprise

Р	Д	О	Х	О	Д	Ц	П	З	М	Ф	Р	Ц	Ш	К	Ю
А	А	Е	Л	И	Ц	С	О	А	А	Б	А	Ы	О	Щ	М
В	К	Б	Н	К	Х	Х	Ф	В	Г	Е	Б	Щ	И	К	Щ
О	Л	Н	О	Ь	А	Р	И	О	А	К	О	Н	Т	М	Ч
Т	Е	Т	Ы	Т	Г	Р	С	Д	З	У	Т	Ц	Р	Б	В
М	Д	Ф	С	Р	Н	И	Ь	Ы	И	Г	О	Л	А	Н	Т
Д	С	Ь	Н	Ш	Ч	И	Ц	Е	Н	Т	Д	Ф	М	Д	А
Я	И	Н	А	П	М	О	К	М	Р	Ф	А	О	Ь	У	О
Э	К	О	Н	О	М	И	К	А	Г	А	Т	Ю	Л	А	В
Б	Е	М	И	Я	Ж	Х	Р	И	Р	Б	Е	Е	Ы	П	Е
Б	О	Д	Ф	Щ	О	И	Ж	П	Т	Ю	Л	Н	Б	Р	К
С	Т	О	И	М	О	С	Т	Ь	Ъ	Д	Ь	Н	И	О	М
И	Н	В	Е	С	Т	И	Ц	И	И	Ж	У	М	Р	Д	М
Х	Ю	К	Х	М	Н	Ш	Х	Л	А	Е	К	О	П	А	В
О	К	А	Е	Ь	Я	Ъ	Ц	Я	П	Т	И	М	Т	Ж	Н
С	Я	Л	У	Е	И	Л	В	Б	У	С	С	Д	С	А	Л

ДЕНЬГИ
МАГАЗИН
БЮДЖЕТ
ОФИС
КАРЬЕРА
СТОИМОСТЬ
ВАЛЮТА
РАБОТОДАТЕЛЬ
РАБОТНИК
КОМПАНИЯ
ЭКОНОМИКА
ФИНАНСЫ
НАЛОГИ
ИНВЕСТИЦИИ
ТОВАР
ПРИБЫЛЬ
ДОХОД
СДЕЛКА
ЗАВОД
ПРОДАЖА

43 - Activités

Р	И	О	В	Т	С	Д	О	В	О	Д	А	С	А	Ю	П
Ы	Г	Ю	Ъ	О	Ъ	Е	Ь	Т	И	Ш	Т	А	Н	Ц	Ы
Б	Р	Е	Б	Л	Ы	Я	Ы	Г	Щ	Ю	А	К	А	Ь	Р
Н	Ы	В	Е	И	В	Т	С	Ь	Л	О	В	О	Д	У	Е
А	Е	Д	У	Х	Ш	Е	Е	К	Ч	Ж	Х	О	Щ	Ж	М
Я	Т	Ф	Ц	Ж	Д	Л	Р	Ъ	Е	Т	Ш	У	В	Ф	Е
Л	Ю	Ы	Щ	У	Н	Ь	Е	Л	Ф	Р	Е	С	К	И	С
О	И	Ъ	Т	Д	А	Н	Т	П	О	Ш	А	Н	О	И	Л
В	С	М	Ь	Х	В	О	Н	Л	Т	К	В	М	И	Я	А
Л	К	Н	А	Д	Ы	С	И	О	О	Е	Е	Н	И	Е	А
Я	У	С	Е	Г	К	Т	Б	Х	Г	М	Ю	Щ	Ж	К	Ц
Ж	С	К	Х	У	И	Ь	И	О	Р	П	Я	Ъ	Б	И	А
А	С	М	С	С	Ж	Я	Ж	Т	А	И	Ш	Л	К	П	Ж
Н	Т	Ц	Е	О	Ы	Б	Ч	А	Ф	Н	Ц	Ш	О	Ф	О
В	В	А	Д	Д	К	И	Ы	М	И	Г	Г	Ъ	Т	Х	А
О	О	Ц	Ф	У	Н	П	Х	Л	Я	Ш	О	Я	У	Н	Р

ДЕЯТЕЛЬНОСТЬ
ИСКУССТВО
РЕМЕСЛА
КЕМПИНГ
КЕРАМИКА
ОХОТА
НАВЫК
ШИТЬЕ
ТАНЦЫ
ИНТЕРЕСЫ
САДОВОДСТВО
ИГРЫ
ЧТЕНИЕ
ДОСУГ
МАГИЯ
РЫБНАЯ ЛОВЛЯ
ФОТОГРАФИЯ
УДОВОЛЬСТВИЕ

44 - Mode

П	П	С	Ь	С	Ы	Ъ	Н	Ы	К	В	В	Ы	П	Э	Д
И	К	П	О	Н	К	И	Т	У	Б	Ш	Ы	Д	Р	Л	О
К	Ж	Ш	Р	В	Л	Р	У	Ь	Р	Т	Ш	М	А	Е	С
С	К	Б	Ф	Ю	Р	О	О	Ъ	Б	К	И	М	К	Г	Т
А	Р	У	Т	С	К	Е	Т	С	Ъ	А	В	Я	Т	А	У
В	У	Ч	Л	Н	Г	Ф	М	Н	Л	Н	К	О	И	Н	П
Ь	Ж	Г	Ь	А	Б	Х	А	Е	А	Ь	А	Е	Ч	Т	Н
Л	Е	П	Р	О	С	Т	О	Й	Н	У	К	Ц	Е	Н	Ы
И	В	И	Т	С	И	Л	А	М	И	Н	И	М	С	Ы	Й
Т	О	И	Ч	Д	Ю	Й	Б	У	Г	Е	Ы	Ъ	К	Й	Ш
С	К	Р	О	М	Н	Ы	Й	К	И	М	Д	Й	И	О	А
О	П	Е	Н	Т	Ф	Н	П	Щ	Р	Е	Ч	Щ	Й	Г	Б
О	Ч	Я	Л	Ь	Л	Б	Х	Ь	О	Н	К	Х	Ч	О	Л
Р	Н	Б	Щ	А	Г	О	П	Ч	Ч	Ч	Г	Щ	Т	Р	О
Ц	Я	И	Ц	Н	Е	Д	Н	Е	Т	Р	М	Н	М	О	Н
М	А	Р	Г	Ы	Л	У	Ж	А	Ц	А	Д	Ж	Е	Д	О

ДОСТУПНЫЙ
БУТИК
КНОПКИ
ВЫШИВКА
ДОРОГОЙ
УДОБНЫЙ
КРУЖЕВО
ЭЛЕГАНТНЫЙ
МИНИМАЛИСТ
СОВРЕМЕННЫЙ
СКРОМНЫЙ
ШАБЛОН
ОРИГИНАЛ
ПРАКТИЧЕСКИЙ
ПРОСТОЙ
СТИЛЬ
ТЕНДЕНЦИЯ
ТЕКСТУРА
ТКАНЬ
ОДЕЖДА

45 - Fleurs

М	Л	В	Д	Р	М	Л	О	П	В	Я	К	Ч	Д	Ч	П
А	Е	Б	Д	В	А	Ц	Л	Р	И	Я	Ш	Т	Е	Ю	Л
Р	П	Х	Ъ	Ь	Г	Х	Я	Я	Х	О	Ф	Р	Я	Ч	Ю
Г	Е	К	Г	Ь	Н	Е	Р	И	С	И	Н	Ч	О	Х	М
А	С	И	А	Л	О	К	Ч	Н	Л	Т	Д	Ш	М	Е	Е
Р	Т	Ч	Л	М	Л	А	А	Е	А	Ю	О	Е	Ц	И	Р
И	О	Н	Ъ	Ы	И	Т	Л	Д	В	Л	Ч	Л	Я	К	И
Т	К	А	Ф	Е	Я	С	А	Р	А	Ь	Ш	Ж	У	Л	Я
К	Е	В	Ф	Ц	Н	Ъ	Ц	А	Н	П	Ъ	М	О	Е	А
А	С	У	К	С	И	Б	И	Г	Д	А	О	С	М	В	К
П	О	Д	С	О	Л	Н	У	Х	А	Н	Е	Ю	П	Е	О
Ш	Ы	О	Ж	А	С	М	И	Н	Б	У	К	Е	Т	Р	М
Я	Н	П	Щ	Ъ	С	Д	Ь	Г	Б	Л	И	Л	И	Я	Ы
Е	Ъ	С	Н	Ы	С	Р	В	Ы	Е	У	Я	Ч	Ч	Р	Ж
Ж	Л	Ю	О	Д	Ь	П	Ъ	Ы	Л	О	Ъ	О	Щ	Ь	Х
Ч	Б	Н	П	Д	Ф	Р	О	З	А	К	Я	У	Д	Д	С

БУКЕТ
ГАРДЕНИЯ
ГИБИСКУС
ЖАСМИН
ЛАВАНДА
СИРЕНЬ
ЛИЛИЯ
МАГНОЛИЯ
МАРГАРИТКА
ОРХИДЕЯ
МАК
ЛЕПЕСТОК
ОДУВАНЧИК
ПИОН
ПЛЮМЕРИЯ
РОЗА
ПОДСОЛНУХ
КЛЕВЕР
ТЮЛЬПАН

46 - Nourriture #2

Д	Ь	Ц	Р	Ц	Б	Я	В	И	П	Ф	В	Г	Т	О	Л
Р	Ф	С	И	В	И	К	Б	Ш	М	Ы	О	Р	Ш	А	Б
Б	Ы	Ц	С	Е	С	Ш	Ь	Л	А	Д	Н	И	М	Л	Р
А	Н	Б	Д	Д	Н	Ч	Щ	И	О	Ч	Ч	Б	Х	Ш	О
К	В	Ю	А	Ц	И	Р	У	К	Ш	К	К	К	Е	В	К
Л	Й	Е	Р	Е	Д	Ь	Л	Е	С	А	О	Ц	Й	Я	К
А	Ъ	Ъ	Г	Б	А	Х	Х	Т	Р	Ф	Д	К	Ж	Г	О
Ж	Т	О	О	Ф	Л	В	Г	И	И	Ь	Щ	У	Ш	П	Л
А	О	Я	Н	Ц	О	И	Д	Г	Ю	Ю	А	П	Г	Ч	И
Н	Ц	С	И	Р	К	Ш	У	Р	М	Г	Ц	Н	Я	М	Я
П	Ц	Я	В	О	О	Н	С	Ц	П	А	И	Е	Н	Ю	Ч
Ч	У	Х	С	Д	Ш	Я	Ы	М	В	Ь	Н	А	Н	А	Б
В	Е	Т	Ч	И	Н	А	Т	Я	Щ	Т	Е	Г	Ю	К	Ы
Ц	Ъ	Т	Щ	М	Ъ	Ь	Я	Ц	Б	С	Ш	Ж	О	Л	Ж
Д	Ы	П	В	О	Д	А	Ы	Л	Ж	Д	П	Т	Л	Х	Д
Ъ	С	Л	О	П	Б	У	Ш	Д	И	Х	Л	Е	Б	Щ	С

МИНДАЛЬ
БАКЛАЖАН
БАНАН
ПШЕНИЦА
БРОККОЛИ
ВИШНЯ
СЕЛЬДЕРЕЙ
ГРИБ
ШОКОЛАД
ВЕТЧИНА
КИВИ
МАНГО
ЯЙЦО
ХЛЕБ
РЫБА
ЯБЛОКО
КУРИЦА
ВИНОГРАД
РИС
ПОМИДОР

47 - Algèbre

Щ	С	Х	М	Ю	Б	Е	С	К	О	Н	Е	Ч	Н	Ы	Й
Ф	Л	О	Ж	Н	Ы	Й	Я	У	А	М	Р	И	П	П	К
У	Р	А	А	Ц	И	Р	Т	А	М	И	Я	Ц	Ж	Е	О
Э	О	А	К	Б	О	К	С	Р	Е	Н	У	Л	Ь	Р	Л
Х	К	Ъ	К	С	С	В	Ж	Н	Л	П	Т	О	Е	Е	И
Д	И	С	П	Ц	Ф	В	К	Ъ	Б	П	Ж	Щ	А	М	Ч
С	Ф	Щ	П	Р	И	Ю	Г	Р	О	Т	К	А	Ф	Е	Е
Ф	А	У	А	О	В	Я	Ш	К	Р	Л	Ч	Ш	Ь	Н	С
Г	Р	П	Б	В	Н	Д	Я	Ц	П	В	С	Ш	Б	Н	Т
Я	Г	Р	А	П	Д	Е	Р	Е	Ш	Е	Н	И	Е	А	В
Ч	Ж	О	Е	И	Н	Е	Н	В	А	Р	У	Т	Ч	Я	О
Т	Л	Щ	Ъ	Е	И	Н	А	Т	И	Ч	Ы	В	К	Д	А
Д	У	А	М	М	А	Р	Г	А	И	Д	М	Ь	Ъ	У	Ш
П	Щ	Т	Л	К	Ь	П	Ф	О	Р	М	У	Л	А	Е	В
Ъ	К	Ь	О	С	Х	Б	Ф	Е	Р	Г	Ъ	Ш	Ц	Ы	Л
Л	И	Н	Е	Й	Н	Ы	Й	Ч	П	Ь	Щ	Ы	Ю	Б	Ч

ДИАГРАММА
ЭКСПОНЕНТ
УРАВНЕНИЕ
ФАКТОР
ЛОЖНЫЙ
ФОРМУЛА
ФРАКЦИЯ
ГРАФИК
БЕСКОНЕЧНЫЙ
ЛИНЕЙНЫЙ
МАТРИЦА
ЧИСЛО
СКОБКА
ПРОБЛЕМА
КОЛИЧЕСТВО
УПРОЩАТЬ
РЕШЕНИЕ
ВЫЧИТАНИЕ
ПЕРЕМЕННАЯ
НУЛЬ

48 - Océan

Ш	Ц	С	А	Б	Ч	Ш	К	О	М	А	К	Г	П	Е	Н
В	П	Р	Н	В	Е	Е	С	Ф	Ы	Т	Ю	Ы	П	О	Б
Л	О	Д	К	А	К	Т	Е	В	Е	Р	К	И	К	Щ	Я
Л	Е	Ж	Ь	Ц	Д	И	С	О	Л	Ь	Т	Ь	С	Н	Т
А	Б	Ы	Р	И	Ю	К	М	Е	Р	У	Ж	Д	Ь	Ш	Л
Р	Б	Н	Р	Р	Ъ	Б	Д	У	У	Х	У	Ч	Т	Ф	Ч
О	Л	Л	И	Т	Щ	Ь	Ф	Н	Г	А	Т	Г	Х	Ф	Ь
К	Щ	О	О	С	Е	М	Ч	Ц	Н	О	И	Ш	Л	С	Ц
Е	Л	В	Ц	У	Ь	С	К	Ф	Г	Я	Р	У	Б	П	П
Я	О	Д	Д	Е	Л	Ь	Ф	И	Н	Ь	Б	Ь	Ы	Р	Р
К	Ъ	Ж	Ш	Ы	Н	Ч	Е	Р	Е	П	А	Х	А	И	В
Ч	Р	В	Ж	А	Л	У	К	А	Ш	У	З	В	К	Л	И
Ч	С	А	Ю	П	Ь	Ъ	Т	Т	П	Л	У	В	Б	И	Е
Ь	Х	Д	Б	М	У	Ю	Ю	Я	И	Х	Д	К	У	В	Ы
И	У	Т	Г	П	Ч	Н	Г	И	Ы	Ю	Е	Ы	Г	Ы	Т
Ь	Ф	Ф	Ь	А	Ь	М	Г	О	Н	И	М	Ь	С	О	С

УГОРЬ
КИТ
ЛОДКА
КОРАЛЛ
КРАБ
КРЕВЕТКА
ДЕЛЬФИН
ГУБКА
УСТРИЦА
ПРИЛИВЫ
МЕДУЗА
РЫБА
ОСЬМИНОГ
АКУЛА
РИФ
СОЛЬ
БУРЯ
ТУНЕЦ
ЧЕРЕПАХА
ВОЛНЫ

49 - Antiquités

М	Б	Щ	Г	В	С	А	Н	Е	Ц	Ы	С	Д	О	В	В
О	Ы	А	А	Д	Т	У	К	Ъ	М	Ж	И	В	Ш	Ш	Х
Н	М	Р	Л	Е	А	К	К	О	У	Л	О	Т	Я	Й	Ь
Е	Е	Й	Е	С	Р	Ц	Д	И	Ю	Ц	П	Ц	Л	Ы	Е
Т	Б	Ы	Р	Я	Ы	И	И	Ц	И	Т	С	Е	В	Н	И
Ы	Е	Н	Е	Т	Й	О	В	Т	С	Е	Ч	А	К	Ч	Н
П	Л	Ч	Я	И	Ш	Н	С	Т	И	Л	Ь	Р	И	И	Я
Л	Ь	Ы	Ы	Л	О	Ж	Р	И	А	Ш	Ъ	У	Н	Т	О
Я	Т	Б	Л	Е	А	Ю	М	С	Ш	Щ	И	Т	Е	Н	Т
Ч	Л	О	В	Т	С	С	У	К	С	И	Г	П	В	Е	С
В	Ь	Е	Ы	И	Х	Ц	Ж	Б	Д	Щ	О	Ь	Р	Т	О
Л	Е	Н	О	Я	А	У	К	Б	Р	Л	Ч	Л	Я	У	С
Ю	О	К	Ц	Е	Н	Н	О	С	Т	Ь	И	У	В	А	Е
Д	Е	К	О	Р	А	Т	И	В	Н	Ы	Й	К	О	Г	Г
Э	Л	Е	Г	А	Н	Т	Н	Ы	Й	С	П	С	О	Г	Х
Л	К	Ф	У	Л	Л	К	О	Л	Л	Е	К	Т	О	Р	Ц

ИСКУССТВО
АУТЕНТИЧНЫЙ
КОЛЛЕКТОР
СОСТОЯНИЕ
ДЕСЯТИЛЕТИЯ
ДЕКОРАТИВНЫЙ
АУКЦИОН
ЭЛЕГАНТНЫЙ
ГАЛЕРЕЯ
НЕОБЫЧНЫЙ
ИНВЕСТИЦИИ
МЕБЕЛЬ
МОНЕТЫ
ЦЕНА
КАЧЕСТВО
СКУЛЬПТУРА
ВЕК
СТИЛЬ
ЦЕННОСТЬ
СТАРЫЙ

50 - Boxe

Ц	У	Ч	У	К	Р	Б	М	Ю	Г	Ъ	С	Д	И	Б	Ц
А	Г	Ц	С	П	М	Е	Ы	Ы	Ъ	Д	Т	Т	Ь	С	Ч
Р	О	Л	Е	Т	Л	Ф	М	Ч	Ж	К	Ч	П	Л	Л	Г
И	Л	М	А	Ч	К	О	Д	О	Р	О	Б	Д	О	П	У
Л	О	К	О	Т	Ь	П	К	Ы	В	А	Н	Е	Ь	А	И
Ч	У	П	Г	Ц	Ъ	П	О	О	У	К	И	А	Л	Б	Ц
К	У	Л	А	К	Г	О	И	Б	Л	Ц	Ж	О	Б	С	Ь
Т	Н	Ю	Б	Н	Т	Н	Я	О	Я	О	И	Щ	Ш	И	Ф
Д	С	Х	Г	Ч	Ц	Е	О	Б	К	Ф	К	Я	Т	Л	Я
С	У	Д	Ь	Я	У	Н	В	С	Ж	Х	В	Е	Г	А	Т
Ь	К	Г	П	О	Ж	Т	Ш	Ы	Л	Ц	Е	Щ	У	Л	В
Т	О	Ч	К	И	Е	И	К	Т	А	Ч	Р	Е	П	К	Ц
А	Ф	Г	Х	Ц	В	Ъ	У	Н	Щ	Л	Е	А	Я	П	Ц
Н	Б	Ж	Г	Е	Б	Л	Ы	Ц	Г	М	В	А	Р	Т	Е
И	З	М	У	Ч	Е	Н	Н	Ы	Й	Ы	Р	Т	С	Ы	Б
П	К	Ь	С	К	П	Я	Ю	Г	Д	П	Т	Ж	Е	Н	П

ОППОНЕНТ
СУДЬЯ
ТРАВМ
КОЛОКОЛ
УГОЛ
БОЕЦ
НАВЫК
ФОКУС
ВЕРЕВКИ
ТЕЛО
ЛОКОТЬ
ПИНАТЬ
ИЗМУЧЕННЫЙ
СИЛА
ПЕРЧАТКИ
ПОДБОРОДОК
КУЛАК
ТОЧКИ
БЫСТРЫЙ

51 - Réchauffement Climatique

А	Р	К	Т	И	Ч	Е	С	К	И	Й	Б	В	Ф	И	П
Й	С	Ю	О	Р	С	О	Е	В	Ц	Т	Ю	Ф	В	З	О
Ы	П	О	С	Л	Е	Д	С	Т	В	И	Я	Л	О	М	К
Н	Ь	Т	Ъ	У	Л	Ш	Г	Ж	Ы	Ц	Я	А	Е	Е	О
Д	Э	К	О	Л	О	Г	И	Ч	Е	С	К	И	Й	Н	Л
О	Ф	Ж	М	П	О	П	У	Л	Я	Ц	И	И	Ж	Е	Е
Р	Х	Б	Ф	Ч	Р	Ъ	Б	У	Д	У	Щ	Е	Е	Н	Н
А	А	К	Р	И	З	И	С	Р	А	П	Е	П	У	И	И
Н	Ж	З	К	А	Д	В	Д	И	У	Ю	А	Л	Ф	Я	Я
У	С	О	В	Т	С	Ь	Л	Е	Т	И	В	А	Р	П	И
Д	Я	Е	В	И	Щ	Н	Й	Г	А	З	У	Д	Ф	Х	Г
Ж	У	Т	Й	Я	Т	Д	Ы	Д	А	Н	Н	Ы	Е	С	Р
Е	П	В	Т	Ч	Г	И	Н	К	Л	И	М	А	Т	Н	Е
М	Х	Б	Е	Е	А	Ж	Е	И	Н	А	М	И	Н	В	Н
О	Ц	А	П	Ж	М	С	Ч	Б	Ю	О	А	Д	Х	Ч	Э
Д	С	Х	М	Ь	Ы	Р	У	Т	А	Р	Е	П	М	Е	Т

АРКТИЧЕСКИЙ
ВНИМАНИЕ
ИЗМЕНЕНИЯ
КЛИМАТ
ПОСЛЕДСТВИЯ
КРИЗИС
РАЗВИТИЕ
ДАННЫЕ
ЭКОЛОГИЧЕСКИЙ
ЭНЕРГИЯ
БУДУЩЕЕ
ГАЗ
ПОКОЛЕНИЯ
ПРАВИТЕЛЬСТВО
МЕЖДУНАРОДНЫЙ
СЕЙЧАС
ПОПУЛЯЦИИ
УЧЕНЫЙ
ТЕМПЕРАТУРЫ

52 - Ballet

О	Л	О	С	И	Ы	У	Т	П	Ю	С	Н	Ж	К	Т	Р
Ь	Р	Й	Ы	Н	Ь	Л	Е	Т	И	З	А	Р	Ы	В	Ь
Т	М	К	П	Р	А	К	Т	И	К	А	В	О	М	Н	Ю
А	О	О	Е	Г	О	Г	Т	И	Ю	Р	Ы	Ю	К	В	У
К	У	П	М	С	Ж	Х	К	Я	Ш	Е	К	Ь	П	К	О
Ы	Л	Д	О	У	Т	Т	Е	Х	Н	И	К	А	У	О	Р
З	С	Ь	И	Г	У	Р	Ь	П	Ъ	К	С	Ъ	А	Ъ	О
У	Д	Х	Ч	Т	Ъ	Г	Я	Ж	Ы	Р	О	Ц	Н	А	Т
М	Р	Ж	Ф	К	О	Ц	И	Ю	Ц	И	С	А	И	Ч	И
Я	Ф	О	Т	Ь	Д	Р	Ц	К	Ш	Т	Ф	Ш	Р	Л	З
О	Б	Л	К	Л	Ь	Ъ	И	Н	Ы	М	Ъ	Ж	Е	И	О
Е	Я	У	Е	И	П	А	Т	Я	М	М	Ж	М	Л	Г	П
Ч	И	В	П	Т	Ю	Ъ	Е	Ж	Е	С	Т	Ф	А	Я	М
Р	Ч	К	Щ	С	Т	О	П	Ф	А	О	Ж	О	Б	Ж	О
Ц	Ч	Р	Т	Х	О	Р	Е	О	Г	Р	А	Ф	И	Я	К
Ч	Ь	У	Ф	В	М	Х	Р	Ь	Ъ	М	Ж	У	Ы	О	О

БАЛЕРИНА
ХОРЕОГРАФИЯ
НАВЫК
КОМПОЗИТОР
ТАНЦОРЫ
ВЫРАЗИТЕЛЬНЫЙ
ЖЕСТ
УРОКИ
МЫШЦЫ
МУЗЫКА
ОРКЕСТР
ПРАКТИКА
АУДИТОРИЯ
РЕПЕТИЦИЯ
РИТМ
СОЛО
СТИЛЬ
ТЕХНИКА

53 - Fruit

Ь	Г	Ш	Н	Ф	Х	С	Ч	Н	М	Я	А	Ю	Б	С	Р
П	Г	Н	Ч	Я	Ш	В	Ъ	Т	Л	Г	В	Я	В	А	Б
Я	И	Ч	М	О	П	Е	Е	Щ	Н	О	Г	Н	А	М	Р
Н	Б	Е	О	Е	П	Л	К	Н	П	Д	Ы	Ш	Д	Ь	О
Ы	В	Л	Ф	И	Н	О	М	И	Л	А	Н	И	Л	А	М
Д	У	Ц	О	Р	А	А	Ц	Я	В	Л	Я	В	Ж	Ш	Б
П	Н	Х	Г	К	Л	Б	О	Б	О	И	Н	А	И	У	А
О	А	В	Ж	Ф	О	Р	Р	И	Ж	Н	И	В	О	Р	Н
Ф	Ч	П	У	Я	В	И	А	К	П	Х	Е	Ю	Р	Г	А
Ф	Р	Ц	А	М	Т	К	Н	И	Р	А	Т	К	Е	Н	Н
М	Ъ	Г	Ф	Й	Б	О	Ж	В	Я	У	Г	М	Х	Ш	Ж
П	Л	Ы	Ю	Ю	Я	С	Е	О	Б	Ш	У	К	Я	И	А
А	В	О	К	А	Д	О	В	Ж	Ъ	С	А	Н	А	Н	А
И	Н	Т	П	Ш	Щ	Я	Ы	Т	К	Ф	В	М	Ф	Б	Л
П	Е	Р	С	И	К	Ж	Й	Д	У	Ч	А	Ы	Ц	М	Ч
С	Ы	Ю	О	В	И	Н	О	Г	Р	А	Д	Ю	В	Ж	С

АБРИКОС
АНАНАС
АВОКАДО
ЯГОДА
БАНАН
ВИШНЯ
ЛИМОН
ИНЖИР
МАЛИНА
ГУАВА
КИВИ
МАНГО
ДЫНЯ
НЕКТАРИН
ОРАНЖЕВЫЙ
ПАПАЙЯ
ПЕРСИК
ГРУША
ЯБЛОКО
ВИНОГРАД

54 - Musique

Л	Я	И	Д	О	Л	Е	М	Г	Г	Й	Д	Ъ	Т	Ц	Щ
М	И	Ж	Й	Ы	Н	Ь	Л	А	К	Ы	З	У	М	О	Я
И	Н	Р	Й	И	К	С	Е	Ч	И	Н	О	М	Р	А	Г
К	О	Ч	И	С	Т	Б	Е	Л	А	Ч	Н	Т	Т	К	И
Р	М	Щ	К	Ч	П	Л	С	М	А	И	Ъ	И	Е	И	Н
О	Р	Т	С	П	Е	Ь	Т	Е	П	М	Щ	Р	Р	Т	С
Ф	А	Е	Е	Ч	В	С	А	Е	Д	Т	Ц	Х	Ц	Э	Т
О	Г	М	Ч	И	О	И	К	Л	Ж	И	К	Д	Ф	О	Р
Н	К	П	И	Л	К	П	М	И	Ь	Р	А	Щ	Ж	П	У
Г	П	Д	С	И	А	А	Ъ	У	Й	Б	П	Ж	Ь	А	М
Х	Е	С	С	Ь	Л	З	В	Г	З	Т	О	А	Р	Ф	Е
Ш	В	Ь	А	Д	А	Л	Л	А	Б	Ы	Ф	М	О	Р	Н
Ч	Е	А	Л	Ш	Р	В	Ч	Т	Я	Я	К	Д	Х	П	Т
В	Ц	А	К	Е	Е	Щ	Ъ	Т	Я	Ф	Р	А	Х	Г	М
У	М	Ь	А	С	П	Г	И	К	Т	Р	Ю	Т	Н	Щ	О
Ш	Ю	Е	П	Ш	О	С	П	С	Х	Ы	Г	Ы	Ч	Т	Ц

АЛЬБОМ
БАЛЛАДА
ПЕТЬ
ПЕВЕЦ
КЛАССИЧЕСКИЙ
ЗАПИСЬ
ГАРМОНИЯ
ГАРМОНИЧЕСКИЙ
ИНСТРУМЕНТ
ЛИРИЧЕСКИЙ
МЕЛОДИЯ
МИКРОФОН
МУЗЫКАЛЬНЫЙ
МУЗЫКАНТ
ОПЕРА
ПОЭТИКА
РИТМ
РИТМИЧНЫЙ
ТЕМП
ВОКАЛ

55 - Météo

А	П	С	У	Х	О	Й	Т	В	Е	Т	Е	Р	К	А	Ы
М	О	Р	Г	П	Е	Е	Р	Ъ	Н	Х	У	Ф	К	Т	Н
Ч	Л	С	У	Д	Д	Б	О	У	У	М	Е	Б	Л	М	О
Щ	Я	Ю	Ж	Ч	А	Щ	П	Л	Р	В	Д	Ц	И	О	В
Х	Р	Х	Ц	Л	Р	Ч	И	Ф	Г	А	А	А	М	С	Ш
Щ	Н	О	С	С	У	М	Ч	Б	Л	Х	Г	Ъ	А	Ф	С
Ь	Ы	Ь	Д	Т	Т	Р	Е	Ж	З	Н	В	А	Т	Е	П
Ы	Й	Ч	Е	Б	А	А	С	Г	Н	А	Л	Д	Н	Р	О
Е	Я	У	О	Р	Р	Д	К	Я	А	М	С	Ь	Ч	А	К
Т	Х	О	Ч	Ц	Е	У	И	Ю	К	У	С	У	Х	Е	О
Ю	Б	У	Р	Я	П	Г	Й	Х	Щ	Т	Б	Ю	Х	Х	Й
Д	Ь	Ю	Р	А	М	А	И	Б	С	Д	Г	И	Ы	А	Н
Б	Н	П	Ы	В	Е	Г	Д	К	Н	Е	Б	О	Ю	К	Ы
Р	Р	Ж	Д	Щ	Т	У	К	Ш	Ь	Л	О	О	Я	Г	Й
Ж	А	И	Т	О	Р	Н	А	Д	О	К	А	Л	Б	О	Р
Ю	Ы	Б	З	М	В	Л	Щ	П	Т	К	Я	Ю	Л	П	Г

РАДУГА
АТМОСФЕРА
БРИЗ
ТУМАН
СПОКОЙНЫЙ
НЕБО
КЛИМАТ
ЛЕД
МУССОН
ОБЛАКО
УРАГАН
ПОЛЯРНЫЙ
СУХОЙ
ЗАСУХА
ТЕМПЕРАТУРА
БУРЯ
ГРОМ
ТОРНАДО
ТРОПИЧЕСКИЙ
ВЕТЕР

56 - Gouvernement

К	А	Ш	М	П	Г	А	П	Н	Ъ	Е	А	М	Т	Н	С
О	Д	М	Е	И	Н	Е	Д	Ж	У	С	Б	О	И	Е	И
Н	О	Й	А	Р	Р	Ч	К	Р	Ъ	Ц	Ф	В	О	З	М
С	Б	Я	И	Ц	А	Н	Д	Ж	Ш	Ч	Ф	Т	В	А	В
Т	О	В	Б	Ь	Я	В	Ы	Р	О	К	О	С	Т	В	О
И	В	Д	Ъ	Т	Ь	Л	Е	Й	Ф	Е	Л	Р	С	И	Л
Т	С	Й	Ы	Н	Ь	Л	А	Н	О	И	Ц	А	Н	С	П
У	О	Д	Х	Ы	Ч	Я	В	Ш	С	Щ	Д	Д	А	И	Ъ
Ц	П	Ш	К	Д	Е	Р	А	С	Ъ	Т	Р	У	Д	М	Б
И	Ж	У	Д	Ч	Р	А	Р	Н	У	Д	В	С	Ж	О	Ч
Я	З	А	К	О	Н	К	П	И	Х	Д	Л	О	А	С	П
П	О	Л	И	Т	И	К	А	Т	Р	В	Е	Г	Р	Т	Б
Д	Е	М	О	К	Р	А	Т	И	Я	Ц	В	Б	Г	Ь	Т
Г	Р	А	Ж	Д	А	Н	С	К	И	Й	О	Ц	Н	Ю	О
П	А	М	Я	Т	Н	И	К	Я	Р	Ч	Б	Ю	Ъ	Ы	Г
Т	Б	Р	Д	С	Л	А	У	Х	У	Ш	У	О	Ь	Ф	Й

ГРАЖДАНСТВО
ГРАЖДАНСКИЙ
КОНСТИТУЦИЯ
ДЕМОКРАТИЯ
РЕЧЬ
ОБСУЖДЕНИЕ
РАЙОН
ПРАВА
РАВЕНСТВО
ГОСУДАРСТВО
НЕЗАВИСИМОСТЬ
СУДЕБНЫЙ
СВОБОДА
ЗАКОН
ПАМЯТНИК
НАЦИЯ
НАЦИОНАЛЬНЫЙ
МИРНЫЙ
ПОЛИТИКА
СИМВОЛ

57 - Randonnée

У	Т	Н	Б	К	Л	Й	И	К	И	Д	Т	К	П	Ж	Я
Р	С	Б	Е	Ь	Щ	Л	Ъ	Е	М	Щ	Я	Л	О	И	М
Ю	Ы	Т	И	М	М	А	С	М	И	Ч	Ж	И	Д	В	Ю
Ы	Ж	И	А	Т	Р	А	К	П	П	Г	Е	М	Г	О	А
Щ	К	Р	Ч	Л	Ы	Р	У	И	И	Ц	Л	А	О	Т	П
Ж	У	Л	Ш	Д	Ы	У	Н	Н	Н	И	Ы	Т	Т	Н	Б
Н	И	Р	Х	Ч	А	Й	Ш	Г	А	М	Й	И	О	Ы	О
О	П	А	С	Н	О	С	Т	И	К	Р	А	П	В	Е	Т
Ф	Р	Д	Д	П	Н	Е	Г	О	Р	А	Ю	К	К	В	И
Ы	Ц	О	К	О	А	Т	К	М	Ы	Н	Щ	П	А	Ъ	Н
Я	Ч	Р	О	Ь	В	У	П	О	Г	О	Д	А	Ч	С	К
Ф	Я	И	Ц	А	Т	Н	Е	И	Р	О	Ц	Д	Л	О	И
Д	Щ	Р	Ь	Г	Е	Ь	Я	Т	Ч	Ю	Л	Ь	Ч	Л	Е
Ц	Т	П	Ш	Н	Ю	Е	Ы	Н	Ы	М	Ч	П	Ф	Н	Н
Н	Ъ	В	Ф	Ь	У	Б	Б	П	Ф	И	Т	С	А	Ц	К
Д	Н	Х	Ь	Ж	Ш	Е	Л	Ы	В	Ъ	Ц	Ж	М	Е	Ж

ЖИВОТНЫЕ
БОТИНКИ
КЕМПИНГ
КАРТА
КЛИМАТ
ОПАСНОСТИ
ВОДА
УТЕС
УСТАЛЫЙ
ТЯЖЕЛЫЙ
ПОГОДА
ГОРА
ПРИРОДА
ОРИЕНТАЦИЯ
ПАРКИ
КАМНИ
ПОДГОТОВКА
ДИКИЙ
СОЛНЦЕ
САММИТ

58 - Nutrition

К	И	Г	С	П	Щ	Ы	Х	Е	А	Н	Б	Е	Л	К	И
Ы	А	Т	Е	И	Д	Я	Г	Ч	Ь	И	О	Е	Ж	С	С
С	Г	Л	В	Ъ	Ц	Г	Д	Л	Б	С	И	О	И	Ъ	Ф
Я	О	Ь	О	В	Т	С	Е	Ч	А	К	И	Г	Д	Е	Е
Ъ	К	У	Г	Р	В	К	У	С	Ъ	О	Е	Ы	К	Д	Р
Д	Ь	Я	С	Ь	И	А	П	П	Е	Т	И	Т	О	О	М
И	Е	П	Т	П	Л	И	Б	Ф	С	С	Н	Н	С	Б	Е
З	Д	О	Р	О	В	Ы	Й	У	У	Б	Е	Е	Т	Н	Н
В	Ч	Ш	Я	Е	О	Д	Ф	Щ	Ш	А	Р	И	И	Ы	Т
Ц	Б	Е	Ы	У	Ъ	О	С	Ю	Л	Я	А	Д	Ъ	Й	А
Я	Е	Щ	Ь	К	Ы	В	Д	П	Ъ	Ы	В	Е	Ъ	Ж	Ц
И	Ш	Ж	К	И	Х	Е	Ч	Щ	Е	Ю	Е	Р	Н	О	И
У	Р	Ж	А	М	Р	Л	Ч	Ф	М	Ц	Щ	Г	Т	Б	Я
Й	И	К	Ь	Р	О	Г	У	Ц	Б	Щ	И	Н	Р	Х	Г
О	Ф	К	Ш	Ш	Т	У	Ю	Н	О	К	П	И	Н	Е	Н
В	И	Т	А	М	И	Н	З	Д	О	Р	О	В	Ь	Е	Ь

ГОРЬКИЙ
АППЕТИТ
КАЛОРИИ
СЪЕДОБНЫЙ
ДИЕТА
ПИЩЕВАРЕНИЕ
СПЕЦИИ
ФЕРМЕНТАЦИЯ
УГЛЕВОДЫ
ИНГРЕДИЕНТЫ
ЖИДКОСТИ
ВЕС
БЕЛКИ
КАЧЕСТВО
ЗДОРОВЫЙ
ЗДОРОВЬЕ
СОУС
ВКУС
ТОКСИН
ВИТАМИН

59 - Science Fiction

Г	Ы	Х	Ы	Х	Б	Ч	С	А	Т	О	М	Н	Ы	Й	Р
А	У	К	Ц	Я	Ш	С	Ц	Т	К	Т	Е	Щ	К	Ы	О
Л	Т	К	Л	И	Е	Р	Е	Е	О	Н	И	Ц	Ш	Н	Б
А	О	В	Л	Г	Т	Т	Н	Н	Б	Г	И	У	Т	Ч	О
К	П	Ц	Д	О	Т	Ъ	А	А	Е	Б	О	Г	Е	И	Т
Т	И	У	С	Л	Н	В	Р	Л	Г	К	М	Н	И	Т	Ы
И	Я	М	А	О	Ъ	Ы	И	П	М	Т	В	Б	Ь	С	Х
К	Ю	Ы	А	Н	В	Р	Й	А	И	Ч	М	Р	Г	И	В
А	Щ	Е	Р	Х	К	З	К	И	Я	И	З	Ю	Л	Л	И
Ш	О	Г	Ъ	Е	Ь	В	Д	В	У	Л	Е	Я	Ш	А	С
Я	И	П	О	Т	У	И	Т	Н	А	Д	Г	Д	О	Е	Щ
В	О	О	Б	Р	А	Ж	А	Е	М	Ы	Й	Ь	Р	Р	К
Т	А	И	Н	С	Т	В	Е	Н	Н	Ы	Й	Щ	А	И	И
Э	К	С	Т	Р	Е	М	А	Л	Ь	Н	Ы	Й	К	М	Н
А	Г	А	Б	У	Ш	Н	Ф	Ж	М	К	Ф	Ь	У	Б	О
Щ	П	П	Л	Ж	У	Ц	Ж	Ю	К	М	Ж	Б	Л	Н	И

АТОМНЫЙ
КИНО
КЛОНЫ
АНТИУТОПИЯ
ВЗРЫВ
ЭКСТРЕМАЛЬНЫЙ
ОГОНЬ
ГАЛАКТИКА
ИЛЛЮЗИЯ
ВООБРАЖАЕМЫЙ
КНИГИ
МИР
ТАИНСТВЕННЫЙ
ОРАКУЛ
ПЛАНЕТА
РЕАЛИСТИЧНЫЙ
РОБОТЫ
СЦЕНАРИЙ
ТЕХНОЛОГИЯ
УТОПИЯ

60 - Professions #1

М	Ф	Г	Ы	С	Х	Т	П	Д	Р	Ы	Л	О	С	О	П
О	Е	В	П	Е	И	Р	И	Г	О	Л	О	Х	И	С	П
Н	П	Д	С	К	Г	Е	А	Ф	Ю	И	Ы	О	С	К	Д
О	О	Б	С	Е	У	Н	Н	О	В	И	Г	Т	Ы	Р	О
Р	Ж	В	Б	Е	Ш	Е	И	Л	Е	Е	Ь	Н	Г	И	Щ
Т	А	М	А	Ч	С	Р	С	Ж	Л	Г	Ь	И	Ф	М	Т
С	Р	А	Н	Р	С	Т	Т	Д	И	Щ	К	К	Ж	Ь	Н
А	Н	Ф	К	Р	Н	И	Р	Ч	Р	О	Ц	Н	А	Т	А
Ч	Ы	Д	И	М	Ц	Ю	Ф	А	Р	Г	О	Т	Р	А	К
Я	Й	П	Р	Ш	К	О	Н	Р	Т	Ъ	О	И	А	Н	Ы
А	Д	В	О	К	А	Т	П	В	А	Ц	Г	Л	Ь	М	З
В	О	Д	О	П	Р	О	В	О	Д	Ч	И	К	О	Х	У
Ч	Ь	Ц	У	Ч	Е	Н	Ы	Й	Ц	Щ	Ч	Р	С	Е	М
В	Е	Т	Е	Р	И	Н	А	Р	Р	Ъ	Е	Ц	Ю	Д	Г
Р	Е	Д	А	К	Т	О	Р	К	Ч	П	Х	Т	Е	Н	С
Л	Е	Р	Ж	Ц	Х	М	Щ	У	Н	А	О	Г	М	М	А

ПОСОЛ
АСТРОНОМ
АДВОКАТ
БАНКИР
ЮВЕЛИР
КАРТОГРАФ
ОХОТНИК
ТАНЦОР
ТРЕНЕР
РЕДАКТОР
ГЕОЛОГ
МЕДСЕСТРА
ВРАЧ
МУЗЫКАНТ
ПИАНИСТ
ВОДОПРОВОДЧИК
ПОЖАРНЫЙ
ПСИХОЛОГ
УЧЕНЫЙ
ВЕТЕРИНАР

61 - Géologie

Я	М	Х	Н	Ъ	М	Г	Ф	К	Ш	К	Т	Г	С	К	Л
Е	И	Р	Е	О	М	Е	А	П	О	К	С	И	Т	Р	В
Н	Н	З	П	Ь	Ы	Й	О	Л	С	Т	Р	Щ	А	И	М
Х	Е	В	О	С	Е	З	И	В	Д	Б	А	С	Л	С	У
Щ	Р	Х	Р	Р	Ж	Е	Ю	Ц	Ц	В	С	О	А	Т	М
Ч	А	Д	Ф	Ж	Э	Р	Ь	Ъ	Ь	Б	П	Л	К	А	П
Ы	Л	В	У	Л	К	А	Н	Т	Н	Л	Л	Ь	Т	Л	Е
П	Ы	Щ	К	В	Б	Ю	А	Н	Е	Л	А	У	И	Л	Щ
Р	Ю	Л	О	Ъ	Ц	В	С	Е	М	А	В	К	Т	Ы	Е
Ь	С	Е	Р	Ц	Л	В	Ы	Н	А	В	Л	Н	Б	Т	Р
П	Р	Д	А	Т	О	Л	С	И	К	А	Е	К	Ц	О	А
Т	Л	Ь	Л	Х	Д	Ш	В	Т	Ш	М	Н	Д	Ж	И	Е
Д	Ч	А	Л	Х	Ц	Т	Ш	Н	Ц	Ф	Н	Р	Х	Ы	Ф
Щ	Д	Л	Т	К	Ц	Т	Ю	О	Ь	Л	Ы	З	О	Н	А
О	Ж	Щ	Ь	О	Р	Ъ	Б	К	Г	Щ	Й	Е	У	Ш	Б
Ы	М	Ф	Р	И	К	У	У	Ш	К	В	А	Р	Ц	М	Ц

КИСЛОТА
КАЛЬЦИЙ
ПЕЩЕРА
КОНТИНЕНТ
КОРАЛЛ
СЛОЙ
КРИСТАЛЛЫ
ЭРОЗИЯ
РАСПЛАВЛЕННЫЙ
ИСКОПАЕМОЕ
ГЕЙЗЕР
ЛАВА
МИНЕРАЛЫ
КАМЕНЬ
ПЛАТО
КВАРЦ
СОЛЬ
СТАЛАКТИТ
ВУЛКАН
ЗОНА

62 - Jardin

В	Ч	Т	Х	Ю	И	С	Я	Я	А	Ж	Л	С	В	Т	Ц
С	Г	А	Ц	У	Ъ	В	Т	Ц	Ь	В	У	Ж	Л	Е	И
Л	Я	Я	Х	Ы	Ь	П	П	Ы	О	М	Ж	М	М	Р	Г
Б	А	Т	У	Т	И	У	К	И	П	И	А	Р	Ю	Р	Д
Ъ	Д	С	Ж	Ы	Ю	С	Т	Ь	К	Ы	Й	К	Г	А	С
Ь	И	Д	Ш	Ь	Т	С	Л	Ш	Ь	Л	К	Р	С	С	Ь
С	К	Ц	Щ	Ж	Т	С	М	Б	А	Л	А	Ы	Т	А	Е
А	Я	Ж	Ы	Г	Я	А	Я	Д	Х	Ъ	Т	Л	Р	К	У
Н	Н	С	Н	У	К	Х	Ч	Я	А	Д	Ъ	Ь	А	Д	Ю
Ц	Р	Щ	Ъ	П	Ъ	Л	Л	Я	Щ	Н	П	Ц	А	Ф	Е
В	О	В	Е	Р	Е	Д	И	О	Н	Т	Т	О	И	С	И
Е	С	И	А	У	М	Е	Л	Е	П	Ж	П	У	Ж	К	К
Т	Ь	П	С	Д	З	А	Б	О	Р	А	В	Ч	О	П	У
О	Ц	А	Ы	Г	А	Л	А	В	А	Р	Т	Е	Х	Д	С
К	Ш	Л	А	Н	Г	С	Р	Ъ	К	А	М	А	Г	И	Т
М	Р	Ж	Ж	М	В	Т	Г	В	У	Г	В	Ь	Ы	Р	Д

ДЕРЕВО
СКАМЬЯ
КУСТ
ЗАБОР
ПРУД
ЦВЕТОК
ГАРАЖ
ГАМАК
ТРАВА
САД
СОРНЯКИ
ЛОПАТА
ЛУЖАЙКА
КРЫЛЬЦО
ГРАБЛИ
ПОЧВА
ТЕРРАСА
БАТУТ
ШЛАНГ

63 - Santé et Bien Être #1

Н	Ы	Ч	Ю	Ю	Ю	Х	Т	К	А	Х	М	Ч	У	К	Р
Н	Р	Д	Ч	Ю	Ы	Щ	Е	О	Г	П	Ф	С	Ч	О	Е
И	О	С	П	Ф	О	Ь	Р	С	М	Б	Т	С	Ш	Ж	Ф
Л	Е	Ч	Е	Н	И	Е	А	Т	Б	О	П	Е	Е	А	Л
Д	Х	Т	Н	Е	Т	Ч	П	И	А	Т	Е	Р	К	Д	Е
Ъ	Р	Ю	А	П	Я	Г	И	П	К	Р	Р	Я	Ъ	А	К
Д	К	Л	Б	Б	А	Я	Я	А	Т	А	Е	Ц	Д	К	С
О	И	Й	Р	О	Щ	Ф	Д	Т	Е	В	Л	А	Ш	И	У
П	У	Ы	Н	О	М	Р	О	Г	Р	М	О	И	М	Н	Р
И	С	Н	В	У	А	К	Л	Ч	И	А	М	Я	Ч	И	И
О	Ь	В	П	Ы	Ш	О	О	Ш	И	Ф	Л	Г	У	Л	В
Ъ	Ы	И	О	Ц	С	К	Г	А	Х	Р	Д	В	Р	К	Р
В	Ъ	Т	З	Ш	Ъ	О	В	Ш	О	Ы	Ъ	У	К	Ю	Д
Х	Р	К	А	Ы	Б	Г	Т	М	Е	Д	И	Ц	И	Н	А
Л	Ъ	А	Н	М	Ж	Д	О	А	К	Ч	Ы	В	И	Р	П
Ъ	Ъ	Д	Ч	Ъ	И	Т	Я	Ч	Б	Х	Ш	Ф	Х	М	Т

АКТИВНЫЙ
БАКТЕРИИ
ТРАВМА
КЛИНИКА
ГОЛОД
ПЕРЕЛОМ
ПРИВЫЧКА
ВЫСОТА
ГОРМОНЫ
ВРАЧ
МЕДИЦИНА
МЫШЦЫ
КОСТИ
КОЖА
АПТЕКА
ПОЗА
РЕФЛЕКС
ТЕРАПИЯ
ЛЕЧЕНИЕ
ВИРУС

64 - Barbecues

М	Ъ	Е	Ш	Ф	Щ	У	Р	Ю	Б	Х	С	Ф	Ж	М	Ж
П	У	С	Г	Ы	Щ	У	Й	И	Ч	Я	Р	О	Г	Ю	Д
Ъ	Ч	З	У	Ю	Л	У	К	Н	Г	Д	К	Т	Л	П	Е
Н	Л	Р	Ы	И	К	Х	Я	С	О	О	Н	Е	Ц	Ь	Т
М	И	У	Т	К	П	Е	Р	Е	Ц	М	Д	Л	П	Л	И
К	П	Ж	А	Л	А	Ц	И	Р	У	К	Щ	Ж	Ы	И	Р
Ю	Д	Ь	Л	И	Щ	С	Ж	Щ	Ш	С	А	Ы	О	Р	Р
В	О	Е	А	В	Е	Д	О	Л	О	Г	К	Д	Ь	Г	К
У	Л	Р	С	Р	Т	Е	Н	У	М	Ю	Ф	Т	Б	Р	И
И	Ц	Д	П	Х	Ю	Б	К	К	С	Ц	Щ	Я	Х	Ь	Ь
Ш	Х	М	С	Ы	Р	О	Д	И	М	О	П	Я	Х	Х	Г
Ф	М	П	Г	Е	Ц	Д	Ч	Л	Ф	Я	Ф	Т	Т	Н	Б
С	П	В	Ч	Х	Х	Я	Х	М	Ю	В	Т	Г	Ф	Ц	У
В	Щ	О	В	О	Щ	И	Ш	Б	Ъ	С	С	Е	М	Ь	Я
Ф	У	С	Ш	Х	О	В	М	Я	Ц	Р	Ш	Ъ	В	Т	Ч
В	Я	С	Ы	Т	Т	Ю	Ф	Р	У	К	Т	И	Г	Р	Ы

ГОРЯЧИЙ
НОЖИ
ОБЕД
ДЕТИ
ЛЕТО
ГОЛОД
СЕМЬЯ
ВИЛКИ
ФРУКТ
ГРИЛЬ
ИГРЫ
ОВОЩИ
МУЗЫКА
ЛУК
ПЕРЕЦ
КУРИЦА
САЛАТЫ
СОУС
СОЛЬ
ПОМИДОРЫ

65 - Insectes

С	Л	Р	И	А	Г	Р	Г	Л	О	М	О	Г	О	Б	Е
Т	Д	С	Ц	Ы	М	Ш	Ф	И	Л	А	М	И	М	Ъ	Л
Р	А	М	О	К	Ж	Е	Ю	Ч	Щ	М	Е	Я	Ь	Ш	Ч
Е	С	Ж	С	Ъ	Б	Р	Т	И	И	Т	Ю	Л	Ц	Щ	С
К	С	А	В	Я	Ж	Ш	Е	Н	Г	У	Й	У	Ц	Ы	А
О	Ф	Л	Р	И	Б	Е	Р	К	И	Ч	Е	Н	З	У	К
З	А	К	Б	А	А	Н	М	А	У	Л	В	А	И	И	В
А	О	М	Т	А	Н	Ь	И	Х	О	Ж	А	К	Ы	Ш	О
Л	И	Д	Ц	Ь	Ф	Ч	Т	О	И	Ш	Р	А	Ф	Л	Р
Е	Ф	Т	Ю	С	К	Ы	А	Л	Я	Д	У	Р	Б	Ч	О
Ч	Ч	Е	Р	В	Ь	К	Т	Б	Я	А	М	А	И	Д	К
П	Л	О	С	А	Д	А	К	И	Ц	А	Д	Т	Ю	Р	Я
Т	Б	А	Б	О	Ч	К	А	Ц	Р	Ф	Д	К	Ц	Д	Ь
В	Л	К	Ъ	Щ	Б	Ь	Х	М	Н	Т	Я	Б	О	Я	Ж
Ч	П	Я	О	Ц	К	Р	Л	Л	Ш	Щ	Ш	Щ	Ы	О	О
Ы	Е	О	Д	Е	Я	М	К	Ч	П	А	Ч	Ш	Я	Х	Б

ПЧЕЛА
ТАРАКАН
ЦИКАДА
БОЖЬЯ КОРОВКА
САРАНЧА
МУРАВЕЙ
ШЕРШЕНЬ
ОСА
ЛИЧИНКА
СТРЕКОЗА
БОГОМОЛ
КОМАР
БАБОЧКА
БЛОХА
ТЛЯ
КУЗНЕЧИК
ЖУК
ТЕРМИТ
ЧЕРВЬ

66 - Ferme #1

К	У	М	Ч	Л	М	Я	Х	Р	П	Ч	П	С	Т	Я	Ш
О	У	К	А	Ж	Т	Е	Ь	С	Ж	П	О	Т	Е	М	Б
Ш	Я	С	Ы	Ь	М	Ь	Д	Ч	В	Ь	Л	А	Л	Р	У
К	Ъ	Ш	О	И	А	И	Т	Ш	С	И	Е	Д	Е	Д	Щ
А	У	Ю	Ж	Б	И	Ъ	Е	Г	С	Х	Н	О	Ц	Х	Е
Б	И	Б	П	Б	А	Л	Е	Ч	П	Х	В	Ь	Х	Ю	Ю
Л	О	Ш	А	Д	Ь	К	К	Ф	С	Е	Н	О	Я	Т	Т
Е	В	О	Д	А	Ъ	К	А	Ф	Я	Ш	П	З	Ю	Ж	И
С	Б	У	О	Н	Р	И	С	Л	Н	К	Ш	А	Ц	И	Х
О	Ш	К	С	О	Ж	Я	Х	М	Е	А	Я	Б	Е	П	Е
У	Д	О	Б	Р	Е	Н	И	Е	В	С	Ъ	О	Ш	Ы	Н
Я	М	Т	Ж	О	Ъ	Ъ	В	П	Ы	Г	И	Р	Б	У	З
Ь	К	К	Ч	В	Я	И	Х	В	А	Х	С	К	М	П	У
П	О	Н	В	Ц	Ф	Н	Ы	Т	М	М	П	Ц	Р	К	Ж
П	З	П	У	К	О	Р	О	В	А	Ц	И	Р	У	К	Ц
Я	А	Ч	Ш	А	Ъ	О	Р	С	Н	Ф	Ю	У	Д	У	Я

ПЧЕЛА
ОСЕЛ
ЗУБР
ПОЛЕ
КОШКА
ЛОШАДЬ
КОЗА
СОБАКА
ЗАБОР
СВИНЬЯ
ВОРОНА
ВОДА
УДОБРЕНИЕ
СЕНО
МЕД
КУРИЦА
РИС
СТАДО
КОРОВА
ТЕЛЕЦ

67 - Café

Р	Ж	У	М	Ч	Г	Т	Я	С	П	Т	А	Ж	М	Я	В
А	М	К	Е	Е	О	Р	Т	У	А	Д	О	В	О	Р	Ы
З	Ш	С	Ц	Р	Р	Х	П	С	Л	Х	Р	Б	Л	Г	Д
Н	А	Т	Я	Е	Ь	К	О	Т	И	П	А	Н	О	Ь	Ы
О	Н	Т	Я	Ю	К	М	О	Л	О	Т	Ь	Р	К	Л	Д
О	О	И	И	Г	И	И	Ю	Ь	В	Ы	В	Т	О	А	Х
Б	Ъ	С	Щ	Л	Й	И	И	Ш	Ц	И	К	Ь	Т	И	П
Р	Ю	Я	Д	Ш	Ы	Д	Б	Ь	У	Ж	У	Л	П	Р	Ж
А	Т	Ц	О	К	Н	И	Е	Ф	О	К	С	И	Щ	Ф	У
З	Ы	Г	Х	И	Е	Ъ	К	Т	У	Ч	Н	Ф	И	Х	В
И	М	К	У	Я	Р	Л	И	Ш	Г	Х	Е	У	Г	Ф	Н
Е	Ъ	Ъ	Ф	У	А	К	Ш	А	Ч	Ш	Ж	Р	Г	Ы	Щ
Ъ	Ъ	Т	В	Д	Ж	П	Ч	Ч	Ъ	С	Д	А	Н	Е	Ц
А	Р	О	М	А	Т	Ж	И	Д	К	О	С	Т	Ь	Ы	Ш
Л	П	Р	О	И	С	Х	О	Ж	Д	Е	Н	И	Е	А	Й
М	Г	Т	Ю	Н	М	Щ	Ф	Ъ	Щ	Н	Д	К	О	Д	Р

ГОРЬКИЙ
АРОМАТ
ПИТЬ
НАПИТОК
КОФЕИН
КРЕМ
ВОДА
ФИЛЬТР
МОЛОКО
ЖИДКОСТЬ
УТРО
МОЛОТЬ
ЧЕРНЫЙ
ПРОИСХОЖДЕНИЕ
ЦЕНА
ЖАРЕНЫЙ
ВКУС
САХАР
ЧАШКА
РАЗНООБРАЗИЕ

68 - Antarctique

С	Ч	К	Л	Е	Д	Ж	Ъ	Е	Щ	М	А	Т	Н	Ы	Г
Н	О	Ю	Е	П	Ш	Б	М	Я	Ш	И	С	Ь	Ц	Т	Х
У	А	Х	Е	С	Ю	Ц	Ц	Е	У	Н	Ю	Б	Р	М	Ш
О	В	У	Р	Ф	Я	И	Ц	И	Д	Е	П	С	К	Э	Ф
П	Б	П	Ч	А	А	Р	У	Т	А	Р	Е	П	М	Е	Т
Т	Ш	Л	Ь	Н	Н	М	Ф	Г	Р	А	С	Р	П	З	Г
И	Б	У	А	Г	Ы	Е	Д	Р	У	Л	К	Н	О	А	Е
Ц	Д	Н	Д	К	В	Й	Н	Ц	Ц	Ы	В	Р	Л	Л	О
Ы	Ш	Я	И	Ц	А	Р	Г	И	М	Д	И	Ч	У	И	Г
С	К	А	Л	И	С	Т	Ы	Й	Е	К	Щ	О	О	В	Р
Ш	Н	Ь	Л	Е	Т	А	В	О	Д	Е	Л	С	С	И	А
Ч	Л	Е	Д	Н	И	К	И	К	И	Т	Ы	Т	Т	Ю	Ф
А	М	У	Щ	С	Р	Ъ	М	Ю	Ж	Ы	У	Р	Р	П	И
Ч	Ь	Т	К	О	Н	Т	И	Н	Е	Н	Т	О	О	В	Я
Т	О	П	О	Г	Р	А	Ф	И	Я	И	Ф	В	В	Ь	Ж
В	О	Д	А	Л	А	Ж	Л	Г	Я	П	Ь	А	Ш	Е	Н

ЗАЛИВ
КИТЫ
ИССЛЕДОВАТЕЛЬ
СОХРАНЕНИЕ
КОНТИНЕНТ
ВОДА
ЭКСПЕДИЦИЯ
ГЕОГРАФИЯ
ЛЕД
ЛЕДНИКИ
ОСТРОВА
МИГРАЦИЯ
МИНЕРАЛЫ
ОБЛАКА
ПТИЦЫ
ПОЛУОСТРОВ
СКАЛИСТЫЙ
НАУЧНЫЙ
ТЕМПЕРАТУРА
ТОПОГРАФИЯ

69 - Professions #2

С	Ж	Ь	Л	Е	Т	А	В	О	Д	Е	Л	С	С	И	Х
З	А	Г	В	Б	Р	Ы	Ч	Р	Е	Н	Е	Ж	Н	И	М
О	Ф	Д	П	Ь	Л	Е	Т	А	Т	Е	Р	Б	О	З	И
О	А	Д	О	В	К	Е	Т	Д	Е	Х	И	Ч	Ж	Ф	Р
Л	Х	Т	Щ	В	У	А	Я	Т	К	Р	И	А	Д	Х	Ф
О	Н	Щ	И	Ь	Н	Х	В	Щ	Т	И	Г	Р	Я	Е	Ш
Г	В	Ю	Я	И	Е	И	Ъ	Ш	И	Б	Ш	В	У	Я	Г
Т	С	Ъ	М	У	Ч	Д	К	А	В	У	И	Ф	Ф	Р	Б
С	Т	О	М	А	Т	О	Л	О	Г	В	Ф	О	Ь	Х	Г
И	Л	Л	Ю	С	Т	Р	А	Т	О	Р	А	У	Л	Ч	Ф
В	Б	И	Б	Л	И	О	Т	Е	К	А	Р	Ь	Е	О	К
Г	Ж	У	Р	Н	А	Л	И	С	Т	К	Г	Г	Т	М	Г
Н	П	И	Ш	П	О	Ж	П	Ф	О	С	О	Л	И	Ф	В
И	Х	У	Д	О	Ж	Н	И	К	Л	Я	Т	Р	Ч	С	Е
Л	Х	Х	В	Г	Ф	Д	Х	Щ	И	Ю	О	Ш	У	О	Н
А	С	Т	Р	О	Н	А	В	Т	П	Е	Ф	Д	Т	М	Р

АСТРОНАВТ
БИБЛИОТЕКАРЬ
БИОЛОГ
ИССЛЕДОВАТЕЛЬ
ХИРУРГ
СТОМАТОЛОГ
ДЕТЕКТИВ
УЧИТЕЛЬ
ИЛЛЮСТРАТОР
ИНЖЕНЕР
ИЗОБРЕТАТЕЛЬ
САДОВНИК
ЖУРНАЛИСТ
ЛИНГВИСТ
ВРАЧ
ХУДОЖНИК
ФИЛОСОФ
ФОТОГРАФ
ПИЛОТ
ЗООЛОГ

70 - Les Abeilles

В	Ш	Ч	Ж	Р	С	Ш	Ь	Н	Р	М	Р	Ы	К	Ц	Г
Ь	Ы	Р	А	Р	Ы	М	Ы	Ц	А	Г	А	А	И	В	Ю
Х	Ф	Г	Ц	Ф	Т	Д	Е	М	З	Ж	С	Б	Д	Е	Щ
Х	К	Е	О	К	А	А	Ы	Ъ	Н	И	Т	Ц	К	Т	Я
У	К	Ц	И	Д	Я	С	Б	М	О	Ю	Е	И	Ъ	Е	Д
Г	Ъ	Н	Я	Ф	Н	Н	Н	Й	О	Р	Н	Г	Ч	Н	Н
П	Ы	Л	Ь	Ц	А	Ы	У	И	Б	Л	И	К	Я	И	А
Ц	Щ	О	Л	У	К	А	Й	И	Р	Н	Я	Ь	Д	Е	С
Ы	Ю	С	Ы	Д	Л	О	М	У	А	Ф	Р	У	К	Т	Е
Я	А	Ш	Р	Н	В	Е	И	Т	З	Х	Ь	Е	Я	Р	К
Я	Ч	Б	К	О	Ъ	И	Й	Ъ	И	Ъ	Ь	П	Т	Ц	О
Ь	В	О	Ъ	И	Р	Ъ	А	В	Е	Л	О	Р	О	К	М
Э	К	О	С	И	С	Т	Е	М	А	Ы	Ф	А	П	С	О
П	Д	Н	Г	Ю	Ъ	Ж	Х	О	П	Ч	Л	К	П	О	Е
Ц	В	Е	Т	Ы	М	Щ	Ц	С	М	Ц	В	П	Л	В	Д
Е	Д	А	Ъ	Ь	О	П	Ы	Л	И	Т	Е	Л	Ь	Л	К

КРЫЛЬЯ
ВЫГОДНЫЙ
ВОСК
РАЗНООБРАЗИЕ
РОЙ
ЭКОСИСТЕМА
ЦВЕТЕНИЕ
ЦВЕТЫ
ФРУКТ
ДЫМ

НАСЕКОМОЕ
САД
МЕД
ЕДА
РАСТЕНИЯ
ПЫЛЬЦА
ОПЫЛИТЕЛЬ
КОРОЛЕВА
УЛЕЙ
СОЛНЦЕ

71 - Santé et Bien Être #2

К	К	Д	Е	С	Е	Ф	А	Ъ	К	Ж	Ф	Й	Ы	О	Ж
Т	Р	Ш	И	С	Г	Ы	Ы	А	Н	А	Г	Ы	Г	Т	П
Л	О	Ы	Н	Е	Т	Е	Ч	Ш	И	С	Л	В	Ы	Н	Е
Ц	В	Н	А	Р	Т	Ц	Н	Я	М	С	К	О	Л	Е	Т
Ы	Ь	Ы	В	Т	Ь	А	В	Е	А	А	Б	Р	Р	Я	Х
Б	М	Ю	И	С	Ю	Ю	Р	О	Т	М	Е	О	П	И	Ч
И	М	Д	Ж	В	Б	М	О	Ж	И	И	Ф	Д	И	Г	Я
К	О	О	О	Е	Щ	О	М	Ш	В	У	К	З	Х	Р	И
Т	Д	И	В	С	Э	Н	Е	Р	Г	И	Я	А	Ф	Е	М
Ж	Ш	Г	З	А	П	П	Е	Т	И	Т	Б	Ц	Д	Л	О
О	В	Н	Е	Г	И	Г	И	Е	Н	А	О	И	М	Л	Т
Г	Р	Ф	Б	П	И	Т	А	Н	И	Е	Л	Н	Ь	А	А
Т	Ч	Р	О	И	Щ	К	Х	К	О	С	Е	Ь	Р	П	Н
И	Б	Р	Ь	Х	Г	Щ	М	И	Ы	Р	З	Л	К	Ь	А
М	Д	Л	Б	Е	Ч	Ш	П	У	Т	А	Н	О	Ь	С	Ж
И	Н	Ф	Е	К	Ц	И	Я	Х	Н	Я	Ь	Б	Ы	А	Ь

АЛЛЕРГИЯ
АНАТОМИЯ
АППЕТИТ
КАЛОРИЯ
ТЕЛО
ОБЕЗВОЖИВАНИЕ
ДИЕТА
ЭНЕРГИЯ
ГЕНЕТИКА
БОЛЬНИЦА
ГИГИЕНА
ИНФЕКЦИЯ
БОЛЕЗНЬ
МАССАЖ
ПИТАНИЕ
ВЕС
ЗДОРОВЫЙ
КРОВЬ
СТРЕСС
ВИТАМИН

72 - Conduite

Я	Ь	Л	Я	А	В	Т	О	М	О	Б	И	Л	Ь	А	Ш
Л	Т	У	И	Ч	Ц	К	О	Ъ	Л	Т	С	Ъ	М	Т	Е
Д	С	Ю	Ц	У	Е	Х	В	Г	О	В	И	Л	П	О	Т
Ж	О	А	И	Г	Р	У	З	О	В	И	К	Ц	С	Р	У
Ь	Н	Р	Л	Ф	В	Ь	Л	Ч	Р	Е	П	Ы	К	Х	Н
Ц	С	О	О	П	О	П	А	С	Н	О	С	Т	Ь	Ю	Н
С	А	Т	П	Г	Е	В	Ы	С	Ю	Ч	У	Т	Ф	Ц	Е
Т	П	О	В	П	А	Ш	М	О	Т	О	Ц	И	К	Л	Л
А	О	М	С	А	Т	Е	Е	Ю	Б	Ь	Ы	Е	Т	И	Ь
В	З	Р	К	Щ	Р	Щ	П	Х	И	К	Ш	И	Ы	Ъ	Т
А	Е	А	М	Ф	А	П	Ж	Ь	О	Г	А	Р	А	Ж	С
Р	Б	Н	В	О	К	П	Х	Е	Д	Д	Я	Р	Х	Ц	О
И	Е	Д	А	Щ	З	А	Г	Т	Л	А	Ж	Ч	М	В	Р
Я	К	А	Г	И	И	А	Д	В	И	Ж	Е	Н	И	Е	О
Т	Р	А	Н	С	П	О	Р	Т	И	Ъ	В	Ю	Г	Я	К
Л	И	Ц	Е	Н	З	И	Я	О	Ш	И	Р	Ь	С	Я	С

АВАРИЯ
ГРУЗОВИК
ТОПЛИВО
КАРТА
ОПАСНОСТЬ
ТОРМОЗА
ГАРАЖ
ГАЗ
ЛИЦЕНЗИЯ
МОТОР
МОТОЦИКЛ
ПЕШЕХОД
ПОЛИЦИЯ
ДОРОГА
БЕЗОПАСНОСТЬ
ДВИЖЕНИЕ
ТРАНСПОРТ
ТУННЕЛЬ
СКОРОСТЬ
АВТОМОБИЛЬ

73 - Plantes

Б	Ц	У	В	И	Г	Ж	М	К	М	У	У	Ы	У	Р	Ч
О	А	В	Т	С	И	Л	Е	О	Ж	М	Д	А	С	Ж	Д
Б	Р	М	Е	Ш	Ъ	Л	В	О	Ц	Х	О	М	Ы	Б	Л
С	О	Д	Б	Т	С	У	К	Ф	Р	Щ	Б	Щ	Щ	Б	К
Щ	Л	Х	Ш	У	О	В	Е	Р	Е	Д	Р	А	Ф	Щ	О
Ю	Ф	Л	П	Ы	К	К	Р	Ч	Ь	Н	Е	Р	О	К	М
Л	Е	П	Е	С	Т	О	К	А	К	И	Н	А	Т	О	Б
П	Ю	Я	Ы	Е	Х	Ж	В	Щ	С	Я	И	С	Ы	Д	Л
Ю	Н	Г	У	Л	Л	Я	У	У	У	Т	Е	Т	Ь	Ы	Ю
Т	Б	О	Г	Ц	Я	Р	Ф	Е	Т	Ч	И	Е	А	Ч	Щ
Ш	С	Д	О	В	Н	Д	Ф	Ъ	К	Ч	К	Б	Т	Б	Л
Ч	А	А	У	Ш	Ф	А	И	Ь	А	Д	Щ	Е	Р	Н	О
Л	Ь	У	Л	Т	Е	У	А	С	К	Ъ	А	Л	А	Г	Ю
П	А	Ш	К	Ы	Е	Х	Д	С	Ш	Ц	Х	Ь	В	Л	Ь
М	Я	В	Щ	Х	Е	Ъ	Р	Д	С	Ш	Ч	Ж	А	Ы	Т
Ч	Ч	Д	С	Ж	Г	Д	У	Ч	П	Ч	Г	О	Ф	А	Л

ДЕРЕВО
ЯГОДА
БАМБУК
БОТАНИКА
КУСТ
КАКТУС
УДОБРЕНИЕ
ЛИСТВА
ЦВЕТОК
ФЛОРА
ЛЕС
РАСТИ
БОБ
ТРАВА
САД
ПЛЮЩ
МОХ
ЛЕПЕСТОК
КОРЕНЬ
СТЕБЕЛЬ

74 - Ferme #2

О	Т	Х	Д	П	К	Ш	Ъ	Т	Щ	Л	Ц	Я	Ч	Ш	Ч
В	Р	П	И	А	Ш	У	К	М	Ц	У	Ф	Ь	Ц	Л	Я
О	А	Б	Ч	Б	К	Е	К	Б	Щ	Г	М	Н	Ж	Д	Ы
Щ	К	П	Ф	Ю	М	Ы	Н	У	Я	Г	Н	Е	Н	О	К
А	Т	Л	А	М	А	Н	О	И	Р	А	Б	М	А	Щ	Н
Б	О	Ь	Ц	М	Ч	Т	И	Ъ	Ц	У	К	Ч	С	А	Д
Л	Р	Ю	В	Н	Т	О	Х	У	П	А	З	Я	Т	П	Т
Т	Е	Б	О	А	Д	В	П	А	С	Т	И	А	Ь	С	Ч
Я	А	Р	Р	Т	Ф	И	Я	Б	Ф	Р	У	К	Т	Ы	Ю
Щ	Ш	Х	Г	В	Ъ	Ж	Г	Д	Т	В	О	Ч	Д	У	А
М	О	Л	О	К	О	У	О	Р	М	Н	Й	К	У	Ы	Ъ
Я	Ъ	К	Г	Ж	Б	Т	Х	Е	И	Н	Е	Ш	О	Р	О
П	Е	Т	Т	Г	Л	К	В	М	Д	М	Л	В	М	Б	Е
Ъ	Я	Б	Б	Н	Г	А	Х	Р	Д	А	У	Ч	Г	Ч	К
Ч	С	Щ	Б	Ж	Т	Ь	Ь	Е	Ф	О	У	Б	Т	У	Р
Ц	Ж	Ю	Ш	Ф	В	В	Б	Ф	Ю	И	М	Я	Д	Д	Ы

ЯГНЕНОК
ФЕРМЕР
ЖИВОТНЫЕ
ПАСТИ
ПШЕНИЦА
УТКА
ФРУКТ
АМБАР
ОРОШЕНИЕ
МОЛОКО
ЛАМА
ОВОЩ
КУКУРУЗА
ОВЦА
ЕДА
ЯЧМЕНЬ
ЛУГ
УЛЕЙ
ТРАКТОР
САД

75 - Vacances #2

Т	Р	А	Н	С	П	О	Р	Т	Ш	Й	Ч	Т	Ю	Т	Ш
Ы	А	З	Ж	Ч	С	К	П	Г	Х	Ы	Г	Щ	У	Ю	Ж
Б	Т	И	Д	Г	Ц	Л	Т	К	И	Н	Д	З	А	Р	П
Н	Р	В	Ы	Ъ	С	Д	Х	О	Ь	Н	А	Ъ	Е	Л	А
И	А	О	Н	Щ	А	К	Т	А	Л	А	П	О	И	Ш	П
Д	К	Ч	Н	А	Р	О	Т	С	Е	Р	Н	Щ	В	Ф	Щ
К	Ь	Е	Ж	И	Ц	Ъ	Т	Ф	Т	Т	В	Т	Т	У	Ъ
В	А	Р	М	У	Р	К	Х	Т	О	С	Д	Ф	С	П	С
О	Е	О	А	П	Ш	О	Х	Б	Т	О	Я	Ы	Е	И	Ш
Щ	Ь	М	М	Э	И	Б	В	Б	О	Н	Т	Н	Ш	П	Ь
П	О	Е	З	Д	Р	Н	С	А	Ф	И	П	Т	Е	А	А
П	М	В	О	Д	С	О	Г	У	Н	В	О	Р	Т	С	О
Л	Ъ	Я	Н	О	Х	Ь	П	Я	Г	И	Б	Е	У	П	Л
Я	Т	Х	К	С	Д	Н	Н	О	И	Ж	Е	Х	П	О	С
Ж	Ч	Я	Ь	У	Ц	Ю	Ш	Г	Р	О	Ж	Ю	М	Р	Г
А	Ю	Т	Р	Г	Т	А	К	С	И	Т	Н	Ю	У	Т	Т

АЭРОПОРТ
КЕМПИНГ
КАРТА
ИНОСТРАННЫЙ
ОТЕЛЬ
ОСТРОВ
ДОСУГ
МОРЕ
ПАСПОРТ
ФОТО
ПЛЯЖ
РЕСТОРАН
БРОНИРОВАНИЕ
ТАКСИ
ПАЛАТКА
ПОЕЗД
ТРАНСПОРТ
ПРАЗДНИК
ВИЗА
ПУТЕШЕСТВИЕ

76 - Temps

Ы	Ф	М	Б	С	Я	Д	О	Л	К	Е	В	Ю	Л	Л	Б
П	М	К	Б	К	Г	П	С	Я	А	Ф	Н	К	Ф	К	Т
О	Р	Т	У	О	Е	И	Т	Е	Л	И	Т	Я	С	Е	Д
С	А	К	П	Р	Щ	Ь	Ю	Ю	Е	С	Р	А	Т	Я	В
Л	И	Ч	А	О	Д	Ь	Н	Ф	Н	Е	Т	Я	А	Л	И
Е	О	Р	А	Т	У	Н	И	М	Д	Й	Я	В	Ш	А	К
Я	Ш	С	Д	С	Й	Е	Ч	Д	А	Ч	Р	В	Ы	В	Ч
Б	Н	Ш	О	Н	Ы	Д	А	Т	Р	А	Ч	Ч	Н	Ц	Х
Ъ	У	Х	Ч	Д	Н	Л	С	Т	Ь	С	Н	Е	К	Ь	Ш
Н	Ж	Д	К	О	Д	О	Ы	Г	Н	И	Ы	Р	Г	Х	Ж
Н	Е	О	У	Б	О	П	Ч	Ю	Е	Р	Щ	А	Ч	М	М
О	Е	Г	Ю	Щ	Г	С	М	С	Д	Р	Ч	У	Н	Ш	Е
Г	Е	Д	Ы	Е	Е	Ш	Ф	Ф	М	Ч	Ц	Ъ	О	О	С
Ж	Б	В	Е	Я	Ж	Е	П	А	Т	Я	Ч	К	Ч	Е	Я
Н	Ф	Е	О	Л	Е	П	Ч	А	Х	М	У	У	Ь	Т	Ц
П	Ь	Х	М	Ж	Я	Е	Р	В	П	Ю	Т	Г	С	Ы	О

ГОД
ЕЖЕГОДНЫЙ
ПОСЛЕ
ДО
СКОРО
КАЛЕНДАРЬ
ДЕСЯТИЛЕТИЕ
БУДУЩЕЕ
ЧАС
ВЧЕРА
ЧАСЫ
ДЕНЬ
СЕЙЧАС
УТРО
ПОЛДЕНЬ
МИНУТА
МЕСЯЦ
НОЧЬ
НЕДЕЛЯ
ВЕК

77 - Immigration

В	П	У	К	Р	А	Й	Н	И	Й	С	Р	О	К	А	К
Ш	З	Е	Т	Е	Ц	О	Ч	У	Я	С	К	Р	Ы	Д	О
Ф	Ф	Р	Р	В	Ю	Т	О	Б	Г	Е	М	Р	З	М	М
П	Ч	С	О	Е	Е	Ь	Л	И	Ж	Ц	С	Ч	Я	И	М
Л	М	И	С	С	Г	Р	Ч	Т	И	О	Т	М	Ш	Н	У
Г	С	Г	Н	О	Л	О	Ж	Е	К	Р	Р	А	З	И	Н
Т	Ф	Ч	Х	П	Б	Ы	В	Д	Б	П	Е	Т	А	С	И
А	Ж	Д	Д	Ч	Щ	Г	Е	О	Е	Ж	С	Ы	К	Т	К
М	Я	Ш	Ж	Ч	Н	Ж	Ы	Ф	Р	Н	С	Т	О	Р	А
В	И	Ъ	Ы	Ж	П	Р	И	Ю	Д	Ы	И	Н	Н	А	Ц
С	Ц	Ь	Ц	Ъ	О	В	А	Я	Ю	О	О	Е	А	Ц	И
З	А	Щ	И	Т	А	Н	Ю	Г	Ч	П	Ф	М	А	И	Я
Х	У	О	Н	Ъ	А	Т	А	И	И	О	И	У	С	Я	О
Е	Т	М	А	Т	П	Ж	О	Ы	Я	Ю	Ц	К	Ъ	У	Ч
Ш	И	О	Р	Е	Ш	Е	Н	И	Е	Х	Е	О	С	О	Х
Ц	С	П	Г	П	Ъ	Ю	Т	Ъ	О	Г	Р	Д	Е	П	Д

АДМИНИСТРАЦИЯ
ВЗРОСЛЫЕ
ПОМОЩЬ
УТВЕРЖДЕНИЕ
КОММУНИКАЦИЯ
КРАЙНИЙ СРОК
ДОКУМЕНТЫ
ДЕТИ
ГРАНИЦЫ
ЯЗЫК
ЖИЛЬЕ
ЗАКОН
ПЕРЕГОВОРЫ
ОФИЦЕР
ПРОЦЕСС
ЗАЩИТА
СИТУАЦИЯ
РЕШЕНИЕ
СТРЕСС

78 - Maison

О	М	Ъ	Х	Н	С	З	Д	А	Р	Е	Ы	Е	Т	К	И
К	А	Т	Ч	П	П	Е	Л	О	С	Ч	Ж	Т	П	О	Ч
Н	Е	У	Ш	М	Г	Р	Т	В	Д	Л	В	Ч	Ъ	В	К
О	Г	Е	Ш	Ы	Г	К	К	Д	И	И	З	Ч	Д	Р	А
О	Е	Ъ	С	М	Ж	А	Р	А	Г	Б	Ц	А	Я	И	М
А	Ш	Л	В	Т	Ж	Л	И	С	А	Щ	У	Ж	Б	К	И
Ш	У	Т	Щ	И	Е	О	И	М	К	Л	Ю	Ч	И	О	Н
И	Д	В	Е	Р	Ь	Н	Ъ	П	Е	Щ	Т	Р	Ш	П	Р
А	Ш	Ъ	Д	Е	А	В	А	Л	Т	Е	М	П	Т	Г	Т
Ю	А	Б	Р	Н	Л	Е	Ш	Л	О	Я	Щ	Ж	Х	Ь	А
П	О	Т	О	Л	О	К	Ы	А	И	Ъ	Г	В	Ж	Е	Ц
И	Р	Д	А	П	Я	В	Р	М	Л	Ш	Щ	Ф	П	Ю	Н
Т	С	Д	Я	Н	Х	У	К	П	Б	Т	Г	К	А	Ш	Ю
Х	О	Ч	Д	Ц	М	Ю	Б	А	И	О	С	Н	Ъ	Р	М
Ш	Б	Ф	Ш	Щ	Я	О	Р	Ц	Б	Р	Ф	О	К	Б	Ь
Ч	Е	Р	Д	А	К	У	К	В	Г	Ы	Ь	Д	В	Ъ	Щ

МЕТЛА
БИБЛИОТЕКА
КОМНАТА
КАМИН
КЛЮЧИ
ЗАБОР
КУХНЯ
ДУШ
ОКНО
ГАРАЖ
ЧЕРДАК
САД
ЛАМПА
ЗЕРКАЛО
СТЕНА
ПОТОЛОК
ДВЕРЬ
ШТОРЫ
КОВРИК
КРЫША

79 - Légumes

М	Л	Х	С	Л	С	В	И	И	А	Ж	Ц	М	С	С	Ж
О	И	Ф	У	А	У	Щ	Р	Ш	Р	Н	Е	Л	Е	Х	М
Р	У	У	Н	Д	Л	К	О	Ш	И	Т	Р	А	Л	У	Б
К	Ж	Х	А	Б	Ф	А	Д	Ц	Ы	Л	У	К	Ь	В	Ц
О	О	Ю	Ж	Т	Х	Х	Т	С	Л	Т	Г	Ш	Д	Ц	Н
В	А	Б	А	К	О	Я	А	Ф	Ч	Г	О	У	Е	Х	Д
Ь	Р	В	Л	В	Х	Х	В	Е	Е	У	Г	Р	Р	Ж	Ф
Б	Р	О	К	К	О	Л	И	Н	С	Ы	С	Т	Е	Щ	Г
Ы	Я	И	А	П	Р	Д	Е	Ы	Н	Ы	Г	Е	Й	Р	Т
Ь	И	Р	Б	П	О	У	Р	Р	О	У	С	П	Т	М	Б
Д	Ы	О	О	М	Г	М	Е	А	К	В	И	Л	О	Ш	Я
Ш	Ц	Д	В	К	И	Ш	П	Ъ	Ю	М	Д	П	Ж	А	Т
Ш	П	И	Н	А	Т	Г	А	И	И	И	Е	У	И	Л	Ы
Ю	Н	М	Л	В	А	Ы	К	У	О	Т	Р	Я	О	О	К
Б	Щ	О	Ч	М	У	С	С	Г	Щ	Г	Р	И	Б	Т	В
С	У	П	Р	Н	Ж	Е	Ц	С	Я	К	В	Ы	Н	Я	А

ЧЕСНОК
АРТИШОК
БАКЛАЖАН
БРОККОЛИ
МОРКОВЬ
СЕЛЬДЕРЕЙ
ГРИБ
ТЫКВА
ОГУРЕЦ
ШАЛОТ
ШПИНАТ
ИМБИРЬ
РЕПА
ЛУК
ОЛИВКА
ПЕТРУШКА
ГОРОХ
РЕДИС
САЛАТ
ПОМИДОР

80 - Famille

В	Ф	В	Ы	Ь	Т	А	М	С	К	Я	Е	Ф	Ф	Ы	П
Ж	С	М	Н	Ч	Б	Б	Е	Н	У	Ц	Щ	С	Б	Ж	Л
П	Р	Е	Д	О	К	И	Н	Н	Я	М	Е	Л	П	О	Е
Т	О	С	Х	Д	Р	Е	Б	Е	Н	О	К	Ы	С	Т	М
Е	Д	Н	М	А	Т	Е	Р	И	Н	С	К	И	Й	Е	Я
Т	Е	П	Ь	Р	Н	В	Н	У	К	Н	Щ	В	А	Ц	Н
Я	Д	Ж	Ь	Т	Г	Е	Л	Г	В	Б	Ч	Ь	К	М	Н
Х	Ф	И	К	С	Ш	Е	Ж	Н	П	Ы	У	Ц	Ш	Е	И
Х	Д	Е	С	Е	Г	Ц	Ы	Н	Б	Я	И	М	У	Ж	Ц
Ц	О	В	Т	С	Т	Е	Д	Ж	И	Ц	Е	С	Б	Ч	А
С	И	И	Г	А	Г	М	С	Ц	Ь	Л	Ж	Ы	А	Н	Т
Х	П	И	Т	Л	Н	Е	О	Б	Р	А	Т	Ъ	Б	Ш	Ш
П	Ф	А	О	Г	Л	Я	Ш	И	Л	Ы	К	Р	Ц	Щ	Л
Д	Я	Д	Я	Ъ	И	О	Т	Ц	О	В	С	К	И	Й	Е
Ж	Г	Н	Г	Е	Е	Л	Щ	Т	В	Н	Л	Г	У	Х	Е
А	Х	К	Ш	Ъ	Ш	Ю	Х	Ъ	Ь	Д	Е	Т	И	Е	Ч

ПРЕДОК
ДЕТСТВО
РЕБЕНОК
ДЕТИ
ЖЕНА
ДОЧЬ
БРАТ
БАБУШКА
ДЕД
МУЖ
МАТЕРИНСКИЙ
МАТЬ
ПЛЕМЯННИК
ПЛЕМЯННИЦА
ДЯДЯ
ОТЦОВСКИЙ
ВНУК
ОТЕЦ
СЕСТРА
ТЕТЯ

81 - Oiseaux

Ъ	И	Н	И	В	Г	Н	И	П	Т	У	К	А	Н	Б	Ъ
О	Б	Т	К	О	Ч	А	Й	К	А	В	О	Ъ	Л	Б	Ц
У	Б	У	Т	Р	Н	Ф	Л	А	М	И	Н	Г	О	У	Ю
С	Ф	К	Д	О	Л	Х	Ю	Л	Я	И	С	М	О	У	У
П	Т	У	Р	Б	У	Т	К	А	К	Ш	У	К	У	К	Г
Е	П	Р	О	Е	Я	Ъ	Р	Ю	В	И	Ъ	Щ	Щ	Ж	Д
Л	Ц	О	А	Й	О	Р	Е	Л	Ш	П	А	В	Л	И	Н
И	Ю	О	П	У	В	О	Р	О	Н	А	Б	Т	Т	Я	Б
К	Ж	А	У	У	С	Г	О	Л	У	Б	Ь	Ъ	Н	Й	Н
А	Ъ	Л	Б	Ю	Г	Ю	Ф	Д	Я	О	Ф	С	Т	Ц	Х
Н	П	Е	Щ	Б	Ц	А	Л	Ж	А	Щ	К	Я	У	О	Ф
Ц	И	Б	Ъ	Т	Б	Ы	Й	Ю	И	Б	Ц	Х	К	Г	Ъ
С	В	Е	Ш	Ж	Я	Е	Т	Ж	С	Ю	А	С	Ч	Ж	Г
Н	Л	Д	К	У	Р	И	Ц	А	Т	Г	П	Я	В	В	Ж
Б	Т	Ь	П	П	Ь	Ю	Х	Н	П	Ь	Л	Б	Я	Х	Х
Т	С	Щ	У	Е	У	Ф	Р	Л	Ц	Ш	Я	Б	А	Ю	Г

ОРЕЛ
СТРАУС
УТКА
АИСТ
ГОЛУБЬ
ВОРОНА
КУКУШКА
ЛЕБЕДЬ
ФЛАМИНГО
ЦАПЛЯ
ПИНГВИН
ВОРОБЕЙ
ЧАЙКА
ЯЙЦО
ГУСЬ
ПАВЛИН
ПОПУГАЙ
ПЕЛИКАН
КУРИЦА
ТУКАН

82 - Disciplines Scientifiques

Я	Х	А	Ф	Ч	М	Я	И	М	И	Х	О	И	Б	Ц	Н
Ю	Щ	Х	Ш	А	К	И	Т	С	И	В	Г	Н	И	Л	Е
О	Р	К	Л	Я	Ы	Г	Н	О	Т	Ш	Я	Е	О	Б	В
И	Э	А	Е	И	Ж	О	Х	Е	П	Ш	И	К	Л	Я	Р
М	Ф	К	О	Г	Д	Л	Г	Ч	Р	Ю	Г	Я	О	И	О
М	И	И	О	О	У	О	И	Ш	А	А	О	И	Г	Г	Л
У	З	М	Н	Л	Ю	Е	П	Ъ	Н	К	Л	Г	И	О	О
Н	И	А	Х	О	О	Г	Р	Л	А	И	О	О	Я	Л	Г
О	О	Н	Б	Р	Л	Г	Щ	Х	Т	Н	Х	Л	Г	О	И
Л	Л	И	Ч	О	Ю	Б	И	Ш	О	А	И	О	Ь	И	Я
О	О	Д	Б	Е	Т	У	Я	Я	М	Х	С	Е	Ы	Ц	Я
Г	Г	О	Е	Т	Х	А	О	Ъ	И	Е	П	Х	Я	О	И
И	И	М	Л	Е	Ц	К	Н	Ч	Я	М	Г	Р	Ч	С	М
Я	Я	Р	Х	М	А	Я	Ы	И	Ю	Ш	Ф	А	Л	Щ	И
А	А	Е	Ч	Ч	Д	Р	Х	В	К	Р	Ж	Ф	Л	Ф	Х
Л	П	Т	Щ	Ъ	Ю	К	Ф	Ь	Н	А	О	В	Е	Ъ	М

АНАТОМИЯ
АРХЕОЛОГИЯ
БИОХИМИЯ
БИОЛОГИЯ
БОТАНИКА
ХИМИЯ
ЭКОЛОГИЯ
ГЕОЛОГИЯ
ИММУНОЛОГИЯ
ЛИНГВИСТИКА
МЕХАНИКА
МЕТЕОРОЛОГИЯ
МИНЕРАЛОГИЯ
НЕВРОЛОГИЯ
ФИЗИОЛОГИЯ
ПСИХОЛОГИЯ
СОЦИОЛОГИЯ
ТЕРМОДИНАМИКА

83 - Maladie

К	М	Ю	М	А	Ч	Ь	З	Б	Ц	Ц	Я	З	С	И	Ы
П	Б	Н	С	Ф	Е	Ц	Д	Р	Е	С	Т	А	И	С	Ы
В	О	К	Ц	У	К	Ю	О	Ю	Л	Щ	Е	Р	Н	И	Ю
О	Н	Я	Ц	Й	Р	Ъ	Р	Ш	М	Д	Л	А	У	Н	В
С	Е	И	С	Ы	М	Ф	О	Н	Ы	В	О	З	С	Д	Н
П	В	П	Ц	Н	А	А	В	О	П	У	Ь	Н	Ю	Р	Т
А	Р	А	Н	Ч	И	Г	Ь	Й	О	Я	Т	Ы	Я	О	Е
Л	О	Р	М	О	Т	Ч	Е	Ц	Я	Н	Ы	Й	В	М	Т
Е	П	Е	П	Г	С	Н	Н	А	Л	Л	Е	Р	Г	И	И
Н	А	Т	Щ	Е	О	И	Ю	Ы	О	С	Т	Р	Ы	Й	Н
И	Т	С	К	Л	К	Н	Ь	Ц	Й	И	Я	Х	Д	Р	У
Е	И	Л	Г	Е	Н	Е	Т	И	Ч	Е	С	К	И	Й	М
Я	Я	А	О	Т	Ф	Ь	Д	Т	Д	Ю	А	В	А	И	М
Ч	Д	Б	Г	Ц	Т	О	Щ	О	Д	Ы	Е	Ы	Е	А	И
Ъ	Й	Ы	Н	Ь	Л	Е	Т	А	Х	Ы	Д	М	Ж	М	А
Е	Ы	Й	И	К	С	Е	Ч	И	Н	О	Р	Х	Д	Я	И

БРЮШНОЙ
ОСТРЫЙ
АЛЛЕРГИИ
ХРОНИЧЕСКИЙ
ЗАРАЗНЫЙ
ТЕЛО
СЕРДЦЕ
СЛАБЫЙ
ГЕНЕТИЧЕСКИЙ
ИММУНИТЕТ
ВОСПАЛЕНИЕ
ПОЯСНИЧНЫЙ
НЕВРОПАТИЯ
КОСТИ
ЛЕГОЧНЫЙ
ДЫХАТЕЛЬНЫЙ
ЗДОРОВЬЕ
СИНУС
СИНДРОМ
ТЕРАПИЯ

84 - Émotions

Ч	Ю	Я	О	С	М	В	Ч	Н	Р	Ю	Т	Ц	Ъ	П	Е
И	Ч	У	Б	П	Е	Б	Ь	Е	Е	Я	Ы	Б	Ф	Е	Ш
У	Р	К	Л	О	Н	Ф	Ф	Л	Ш	Ж	Т	С	Р	Ч	Д
Г	А	Т	Е	К	Р	Л	У	О	Ф	Д	Н	В	Ф	А	И
В	Щ	А	Г	О	Т	Ь	Т	В	Е	Н	Г	О	Я	Л	Ю
Ф	Б	Д	Ч	Й	Ы	Н	Й	О	К	О	П	С	С	Ь	Ь
М	Ф	М	Е	С	В	В	Я	Д	И	Г	Ш	Р	П	Т	П
С	Н	Ю	Н	Т	Т	Е	К	У	Б	Ь	Ф	С	Ф	М	Ь
Ш	Ю	Ш	И	В	Б	Л	А	Г	О	Д	А	Р	Н	Ы	Й
Р	Х	Р	Е	И	Л	Ю	Б	О	В	Ь	Б	Ц	Д	М	В
И	А	П	П	Е	Г	С	У	В	Х	Я	Л	Щ	О	П	У
М	Р	Д	Т	Р	С	О	Д	Е	Р	Ж	А	Н	И	Е	Р
Я	Т	Ю	О	Я	И	Т	А	П	М	И	С	О	Д	Е	Ц
Я	С	Д	Ж	С	К	З	С	К	У	К	А	Я	Ъ	Ъ	Щ
Щ	Г	Ф	Г	А	Т	О	Р	Б	О	Д	К	Ф	Д	Ю	Щ
Ь	И	О	О	Ы	Ш	Ь	С	М	У	Щ	Е	Н	Н	Ы	Й

ЛЮБОВЬ
СПОКОЙНЫЙ
ГНЕВ
СОДЕРЖАНИЕ
СМУЩЕННЫЙ
СКУКА
ДОБРОТА
РАДОСТЬ
МИР
СТРАХ
БЛАГОДАРНЫЙ
ОБЛЕГЧЕНИЕ
ДОВОЛЕН
СЮРПРИЗ
СИМПАТИЯ
НЕЖНОСТЬ
СПОКОЙСТВИЕ
ПЕЧАЛЬ

85 - Univers

Г	К	О	С	М	И	Ч	Е	С	К	И	Й	Г	А	А	Ф
А	Р	Е	Ф	С	У	Л	О	П	Т	Ч	Е	И	И	Х	К
Л	А	Т	О	Г	Л	О	Д	У	Ы	Е	П	Ъ	Ы	Ъ	Л
А	Т	П	З	О	Д	И	А	К	Е	Щ	М	М	Т	Х	М
К	М	О	Н	О	Р	Т	С	А	П	Ь	Ж	Н	Ю	Щ	А
Т	О	К	Ы	Б	Э	Щ	Ж	Р	Г	У	Ч	О	О	К	Б
И	С	С	Ц	Е	Ы	К	Г	Н	Ж	Д	Л	Л	Р	Т	Ш
К	Ф	Е	И	Н	Ч	Б	В	О	Л	О	Щ	Н	В	Л	А
А	Е	Л	Ш	Т	Б	Я	Л	А	Р	Г	Ю	Л	П	Ю	Е
Щ	Р	Е	И	О	У	В	Ш	Ж	Т	И	И	П	У	Ч	Ъ
К	А	Т	Р	Н	Е	И	О	Ь	Р	О	З	Ы	Ъ	Х	Ц
Ц	Н	Я	О	У	Т	Д	Л	У	Н	А	Р	О	Ш	Р	И
Т	С	Б	Т	Б	Н	И	О	Р	Б	И	Т	А	Н	Я	Ы
Г	Ш	Л	А	Я	И	М	О	Н	О	Р	Т	С	А	Т	Ф
У	Ф	Н	М	В	Ж	Ы	А	С	Т	Е	Р	О	И	Д	Ю
Ц	Ж	Щ	Щ	С	Ь	Й	Ы	Н	Ч	Е	Н	Л	О	С	Ы

АСТЕРОИД
АСТРОНОМ
АСТРОНОМИЯ
АТМОСФЕРА
НЕБО
КОСМИЧЕСКИЙ
ЭКВАТОР
ГАЛАКТИКА
ПОЛУСФЕРА
ГОРИЗОНТ
ШИРОТА
ДОЛГОТА
ЛУНА
ТЕМНОТА
ОРБИТА
СОЛНЕЧНЫЙ
ТЕЛЕСКОП
ВИДИМЫЙ
ЗОДИАК

86 - Géographie

Ж	Е	Б	К	М	Г	Р	Д	Д	О	Р	О	Г	Ь	Е	М
Ъ	Ч	Г	Д	А	П	А	З	О	К	С	Е	В	Е	Р	О
Ж	Я	Ь	Г	Т	Р	Н	Д	Х	Е	Б	Д	Ц	Щ	Ы	Р
Г	Ю	К	В	О	Р	Т	С	О	А	Н	А	Р	Т	С	Е
Т	О	Х	Ъ	Р	Ю	Н	А	О	Н	О	П	И	Г	Ы	Р
Ф	Е	Р	Ч	И	Г	Е	В	Ъ	А	И	О	Е	Ж	Е	П
А	М	Р	А	Ш	А	Н	Ы	Ъ	И	Г	Л	Б	И	Ю	Щ
С	И	Е	Р	О	Ы	И	С	Ч	Д	Е	У	Ш	Х	Г	В
Х	Р	Л	У	И	Д	Т	О	С	И	Р	С	Х	Р	П	Ч
Ш	Щ	Н	У	Г	Т	Н	Т	Ь	Р	Ь	Ф	У	Н	А	Е
Ъ	Щ	Ч	Ч	Д	Ы	О	А	Ь	Е	Ь	Е	Ф	У	Ф	Я
А	Т	Л	А	С	П	К	Р	Х	М	Н	Р	Ч	Е	Д	Т
У	Щ	Ц	Х	У	Ъ	У	Ц	И	Ы	Я	А	П	Т	Г	С
П	Ш	Ф	О	Ч	Д	В	Ц	М	Я	Р	Е	К	А	Р	Т
Ф	Ф	Ж	Щ	О	С	Л	Ш	Т	Х	Т	И	Ь	Л	Ю	О
Е	Ы	Я	Г	Ы	П	Ж	Ъ	Я	П	Б	Л	Ъ	И	Л	Ы

ВЫСОТА
АТЛАС
КАРТА
КОНТИНЕНТ
РЕКА
ПОЛУСФЕРА
ОСТРОВ
ШИРОТА
МОРЕ
МЕРИДИАН
МИР
ГОРА
СЕВЕР
ОКЕАН
ЗАПАД
СТРАНА
РЕГИОН
ЮГ
ТЕРРИТОРИЯ
ГОРОД

87 - Danse

Д	Т	В	К	А	К	Ы	З	У	М	Г	О	В	Х	О	К
В	Р	И	У	Г	К	Э	М	О	Ц	И	Я	Ы	Е	П	Л
И	А	З	Л	Ч	Ц	А	К	Ш	Ц	Я	Л	Р	У	Л	А
Ж	Д	У	Ь	Б	К	М	Д	Ш	Е	Д	Н	А	Н	Ч	С
Е	И	А	Т	Х	Н	М	Ц	Е	Д	Ц	Ч	З	Р	К	С
Н	Ц	Л	У	Ф	Д	М	Я	Р	М	Б	А	И	Е	У	И
И	И	Ь	Р	П	Ы	Р	А	М	Е	И	М	Т	П	Л	Ч
Е	О	Н	Н	В	О	Л	И	Ы	П	К	Я	Е	Е	Ь	Е
Ъ	Н	Ы	Ы	Д	В	З	С	Т	О	Д	Б	Л	Т	Т	С
Г	Н	Й	Й	Е	Т	Ц	А	П	М	П	Ш	Ь	И	У	К
Ж	Ы	Е	К	Р	С	У	Ж	А	Ш	Е	Х	Н	Ц	Р	И
Б	Й	Ы	Д	Ж	С	Х	Н	Р	В	Щ	Ф	Ы	И	А	Й
Ц	У	Л	Ж	Д	У	Ц	Ъ	Т	С	Б	Ф	Й	Я	П	Ч
Е	Ъ	Н	Ж	Х	К	Й	Ы	Н	Т	С	О	Д	А	Р	И
Е	Р	Ы	Ф	И	С	Ц	Б	Е	Г	Р	А	Ц	И	Я	В
Т	Е	Л	О	Я	И	Ф	А	Р	Г	О	Е	Р	О	Х	П

АКАДЕМИЯ
ИСКУССТВО
ХОРЕОГРАФИЯ
КЛАССИЧЕСКИЙ
ТЕЛО
КУЛЬТУРА
КУЛЬТУРНЫЙ
ВЫРАЗИТЕЛЬНЫЙ
ЭМОЦИЯ
ГРАЦИЯ
РАДОСТНЫЙ
ДВИЖЕНИЕ
МУЗЫКА
ПАРТНЕР
ПОЗА
РЕПЕТИЦИЯ
РИТМ
ТРАДИЦИОННЫЙ
ВИЗУАЛЬНЫЙ

88 - Bâtiments

П	О	С	О	Л	Ь	С	Т	В	О	Н	Ж	А	Р	А	Г
Г	О	К	Х	Г	А	Ж	У	У	Т	Х	К	М	Щ	Д	Ц
У	Н	И	В	Е	Р	С	И	Т	Е	Т	И	Б	Х	Я	Х
М	Ю	Т	Н	О	И	Д	А	Т	С	С	Н	А	П	И	Ъ
О	У	В	Д	С	Т	О	Ф	И	Д	И	О	Р	Ш	Р	У
З	С	З	Ь	Ъ	Р	В	Ж	Е	Щ	Б	Ш	М	У	Ы	Л
А	Ъ	Ч	Е	Н	А	А	Я	Ъ	Н	А	Л	О	К	Ш	К
М	Ч	Ю	Я	Й	В	З	Х	Г	Ъ	Ш	Т	Е	А	Т	Р
О	Б	У	Ь	Ъ	К	К	Ш	В	Е	Н	О	И	С	С	А
К	Ы	Я	Ъ	Ф	Л	Ы	Е	В	П	Я	Т	Т	Ш	Л	Ц
О	Б	С	Е	Р	В	А	Т	О	Р	И	Я	Е	Е	У	И
М	А	С	Т	Е	Р	С	К	А	Я	И	Х	Т	Ф	Л	Н
Л	А	Б	О	Р	А	Т	О	Р	И	Я	Ы	В	А	Ш	Ь
С	У	П	Е	Р	М	А	Р	К	Е	Т	Д	Л	С	Х	Л
Ш	Д	Е	П	А	Л	А	Т	К	А	Ю	Я	Ц	Ы	Щ	О
Г	Ю	О	А	Ш	К	Е	Т	Я	Ф	Щ	Ы	Т	Н	Ю	Б

ПОСОЛЬСТВО
КВАРТИРА
МАСТЕРСКАЯ
ЗАМОК
КИНО
ШКОЛА
ГАРАЖ
АМБАР
БОЛЬНИЦА
ОТЕЛЬ
ЛАБОРАТОРИЯ
МУЗЕЙ
ОБСЕРВАТОРИЯ
СТАДИОН
СУПЕРМАРКЕТ
ПАЛАТКА
ТЕАТР
БАШНЯ
УНИВЕРСИТЕТ
ЗАВОД

89 - Livres

К	Ю	Б	Ъ	Э	С	Т	Р	А	Н	И	Ц	А	С	Л	Ф
О	Щ	Б	Л	П	Б	Я	Й	П	Ь	Б	Ш	К	Е	И	Л
Л	И	Е	Л	И	И	А	Ы	Г	Ъ	Ф	Л	Д	Р	Т	П
Л	Й	У	Ц	Ч	Я	С	Н	Ц	У	Х	О	Я	И	Е	О
Е	И	Ь	Л	Е	Т	А	Т	И	Ч	К	Г	П	И	Р	Г
К	К	М	Д	С	У	Р	С	О	Л	В	Я	Р	В	А	Р
Ц	С	Д	Щ	К	Б	Р	Е	В	Р	И	М	Н	Н	Т	У
И	Е	Ш	Б	И	Ж	Я	М	А	Ъ	И	Я	М	А	У	Ж
Я	Ч	Ц	Т	Й	Ц	Я	У	Ч	К	Т	Я	Т	П	Р	Е
Й	И	К	С	Е	Ч	И	Р	О	Т	С	И	К	И	Н	Н
О	Г	Щ	К	И	Ч	З	А	К	С	С	А	Р	С	Ы	И
Ж	А	И	Е	К	Ы	Э	Р	С	К	Х	Ч	О	А	Й	Е
С	Р	Г	Т	Ъ	Ж	О	Щ	О	Т	Р	Ю	Т	Н	К	П
Д	Т	М	Н	В	Б	П	С	Ф	М	И	А	В	О	Л	С
Д	Б	Л	О	Ы	Т	Н	Н	Р	Ю	А	Х	А	Б	П	Ы
П	Р	И	К	Л	Ю	Ч	Е	Н	И	Е	Н	Ф	Ъ	Е	Б

АВТОР
ПРИКЛЮЧЕНИЕ
КОЛЛЕКЦИЯ
КОНТЕКСТ
НАПИСАНО
ЭПИЧЕСКИЙ
ИСТОРИЯ
ИСТОРИЧЕСКИЙ
ПОГРУЖЕНИЕ
ЧИТАТЕЛЬ
ЛИТЕРАТУРНЫЙ
СЛОВА
РАССКАЗЧИК
СТРАНИЦА
УМЕСТНЫЙ
СТИХ
ПОЭЗИЯ
РОМАН
СЕРИИ
ТРАГИЧЕСКИЙ

90 - Pays #2

Ш	Ж	Д	Ы	Ъ	И	Ц	Д	О	Е	Я	И	Н	Е	К	Н
М	С	Р	Н	М	Д	Й	А	Т	И	К	П	Е	У	М	М
Ф	Р	А	Н	Ц	И	Я	Н	П	Л	С	А	О	Ц	Д	С
Ь	Н	Х	Г	О	Ф	И	И	Ю	А	И	А	Ц	Н	Б	Б
Ь	В	М	И	О	И	Н	Я	А	М	Р	Л	Ц	У	И	К
Ш	В	К	Ь	Я	О	А	В	Ь	О	И	Н	С	Н	О	Я
Р	О	С	С	И	Я	Б	Ъ	К	С	Я	Х	У	Н	И	Ж
Ж	Х	М	Г	З	Ж	Л	Л	И	В	А	Н	Д	Щ	Р	Ы
У	Ж	М	М	Е	Ю	А	Т	Я	Ъ	Ъ	И	А	Г	Л	Р
Г	Ф	Р	Я	Н	Т	Я	Ы	У	М	Н	С	Н	М	А	И
М	А	Н	М	О	Ц	Н	И	Г	Ы	А	У	Х	Т	Н	Щ
П	Т	И	Щ	Д	Р	Ж	Ч	А	Х	Я	Й	Н	Н	Д	Ф
Р	Х	Ю	Т	Н	Ш	Л	У	Н	В	Ш	Х	К	Н	И	Р
Н	А	Т	С	И	К	А	П	Д	Ц	Л	М	Ы	А	Я	Д
Ж	В	В	М	О	Б	О	М	А	К	И	С	К	Е	М	Ы
Г	П	Т	Ы	О	У	С	У	К	Р	А	И	Н	А	Г	Н

АЛБАНИЯ
КИТАЙ
ДАНИЯ
ФРАНЦИЯ
ГАИТИ
ИНДОНЕЗИЯ
ИРЛАНДИЯ
ЯМАЙКА
ЯПОНИЯ
КЕНИЯ
ЛАОС
ЛИВАН
МЕКСИКА
УГАНДА
ПАКИСТАН
РОССИЯ
СОМАЛИ
СУДАН
СИРИЯ
УКРАИНА

91 - Fournitures d'Art

Г	П	Ь	Щ	И	Р	А	Д	О	В	В	Ш	В	Н	П	К
С	А	Ь	Ц	Ш	Ю	Н	К	К	Л	Е	Й	Л	В	О	Р
А	Т	Ь	М	А	Л	И	Н	Р	Е	Ч	С	В	О	Е	Е
Ц	Р	У	Х	Д	В	Л	М	И	И	К	Т	Е	Щ	Н	А
Ц	М	П	Л	Н	Ы	Г	Ц	С	Л	Л	Ъ	Ф	В	Ц	Т
С	А	У	О	А	Ъ	Р	Ш	Р	Е	Ы	О	Е	Ы	Щ	И
У	С	Ц	Ъ	Р	Ц	С	С	Х	Т	Л	Т	В	П	Ъ	В
Г	Л	Ю	Д	А	В	С	Х	Л	С	Ю	Х	Щ	Ы	К	Н
О	О	Ф	В	К	Е	П	А	Г	А	М	У	Б	Ф	Й	О
Л	Ы	Е	Р	И	Т	С	А	Ф	П	Д	Л	Б	Х	А	С
Ь	С	Т	О	Л	А	А	К	В	А	Р	Е	Л	И	Б	Т
Ы	К	А	М	Е	Р	А	Т	И	С	Ж	Л	Ф	Е	Г	Ь
В	В	О	И	Г	Ж	Б	Ю	Ц	Т	С	Ь	Ю	Д	Р	У
М	О	Л	Ь	Б	Е	Р	Т	П	Н	С	Х	М	И	Ч	Б
Р	Ъ	Х	П	Р	С	А	К	В	В	Р	А	Ш	Ф	Ю	Л
Щ	Ж	Я	Щ	Г	Ф	Ю	Г	Ч	Г	Ч	Щ	Л	Ю	Ь	Ч

АКРИЛОВЫЙ
АКВАРЕЛИ
ГЛИНА
ЩЕТКИ
КАМЕРА
СТУЛ
УГОЛЬ
МОЛЬБЕРТ
КЛЕЙ
ЦВЕТА
КАРАНДАШИ
КРЕАТИВНОСТЬ
ВОДА
ЧЕРНИЛА
ЛАСТИК
МАСЛО
ИДЕИ
БУМАГА
ПАСТЕЛИ
СТОЛ

92 - Jazz

Ш	К	К	С	Ъ	М	Ж	С	Т	А	Р	Ы	Й	Е	Ф	Ц
Ю	И	О	Л	О	С	Т	А	Н	О	В	Ы	Й	Б	П	Н
С	З	У	М	Т	И	Р	А	Н	Ц	А	Ъ	Щ	Ч	Ъ	Р
Т	В	Х	О	П	Ц	Ч	У	Б	Р	Т	Н	А	Л	А	Т
И	Е	У	Б	Ю	О	Ъ	Р	Ь	Я	С	Ш	У	Щ	Т	С
Л	С	Ч	Ь	Ч	Е	З	Ы	Ъ	Ь	О	Х	Р	П	Е	Е
Ь	Т	С	Л	Ч	О	Ы	И	В	Ю	С	Щ	У	Ь	Х	К
Р	Н	Т	А	Е	Н	Д	Х	Т	Л	И	Ц	К	Б	Н	Р
Л	Ы	Ч	Е	У	Н	Е	Щ	В	О	С	Ч	Б	Щ	И	О
Д	Й	Я	И	Ц	А	З	И	В	О	Р	П	М	И	К	У
Я	Г	П	С	Д	Р	Б	А	Р	А	Б	А	Н	Ы	А	Т
П	Е	С	Н	Я	Б	Х	У	Д	О	Ж	Н	И	К	Щ	Ф
Щ	Н	К	М	У	З	Ы	К	А	К	О	Н	Ц	Е	Р	Т
Б	Щ	Б	Ш	Л	И	У	И	Е	Б	Ц	Б	Б	К	Ц	Ф
Б	Д	Ы	Я	Я	Н	Р	П	Ъ	Ц	П	Ч	И	И	П	Х
Ь	В	Ш	Я	Я	С	Щ	Т	Т	Ь	Ю	П	Ь	И	Ж	Я

АЛЬБОМ
ХУДОЖНИК
ИЗВЕСТНЫЙ
ПЕСНЯ
КОМПОЗИТОР
СОСТАВ
КОНЦЕРТ
ИЗБРАННОЕ
ЖАНР
ИМПРОВИЗАЦИЯ
МУЗЫКА
НОВЫЙ
ОРКЕСТР
РИТМ
СОЛО
СТИЛЬ
ТАЛАНТ
БАРАБАНЫ
ТЕХНИКА
СТАРЫЙ

93 - Paysages

Ч	Н	О	Р	Е	З	О	Т	О	Л	О	Б	Ы	С	Х	О
Х	А	К	Е	Р	П	О	Л	У	О	С	Т	Р	О	В	Ь
Ж	К	Е	П	Д	Щ	М	Х	Б	Ц	И	У	Г	Ы	А	П
О	Л	А	П	Л	О	Д	Ъ	Ц	А	З	М	В	Д	Й	Д
Н	У	Н	Ъ	Ь	Я	С	Д	В	Ж	А	Е	Х	С	С	К
И	В	Щ	У	Л	М	Ж	Т	Т	Г	О	О	Г	К	Б	О
Х	О	Л	М	Е	Ю	Щ	Я	Р	Е	А	Р	Е	Щ	Е	П
Ш	С	А	Р	Д	Н	У	Т	Ч	О	Ю	Ч	Й	Е	Р	Х
И	Ы	Н	У	Н	Ь	Ы	Д	У	П	В	М	З	Т	Г	Ф
Р	Ъ	И	Л	И	О	Щ	К	Б	В	У	Ч	Е	Я	Н	Е
П	Т	Л	Е	К	Т	Щ	А	Ш	Ж	Ч	С	Р	Л	У	Г
Р	Ч	О	М	О	Р	Е	Ж	Ь	Ц	У	Я	Т	Ш	Ч	О
Ь	П	Д	П	В	О	Д	О	П	А	Д	Ъ	Ю	Ы	Х	Р
У	Ъ	Н	О	Д	Щ	Р	П	Ь	Б	Т	А	Е	О	Н	А
Б	С	Щ	М	О	Б	М	Л	Т	Я	Ю	Х	М	К	Ф	Я
Д	У	Я	Ь	Л	У	У	Ц	Б	Л	Х	Ъ	А	Ы	Ц	Г

ВОДОПАД
ХОЛМ
ПУСТЫНЯ
РЕКА
ГЕЙЗЕР
ЛЕДНИК
ПЕЩЕРА
АЙСБЕРГ
ОСТРОВ
ОЗЕРО

БОЛОТО
МОРЕ
ГОРА
ОАЗИС
ОКЕАН
ПОЛУОСТРОВ
ПЛЯЖ
ТУНДРА
ДОЛИНА
ВУЛКАН

94 - Pays #1

Р	Ф	А	Ш	Ь	Л	О	П	П	Р	Ю	П	Е	И	П	Ч
О	У	И	Ф	М	Б	Н	Ь	Я	Н	В	Я	Ш	Ы	А	Ф
Д	Б	М	Н	Г	Ф	И	Л	И	П	П	И	Н	Ы	Н	С
А	С	В	Ы	Л	А	И	К	В	Е	Ж	Г	О	А	А	К
В	Ц	Ю	С	Н	Я	Н	Е	И	Г	Д	Е	Н	Р	М	Ы
К	Т	П	Ч	Ш	И	Н	И	Л	О	Ы	В	Ч	Г	А	А
Э	А	Е	Ъ	Ъ	Л	Я	Д	С	Ь	Ъ	Р	П	Е	У	Я
Ц	Л	Ь	Л	И	А	Р	З	И	Т	В	О	Б	Н	Г	Ш
Я	Э	Ю	Я	Г	М	Я	Л	Ш	Я	А	Н	Ф	Т	А	Ъ
Я	У	Ц	Х	М	А	Р	О	К	К	О	Н	Л	И	Р	Ъ
Я	С	Ц	Н	Ъ	И	С	П	А	Н	И	Я	Щ	Н	А	Д
Г	Е	Р	М	А	Н	И	Я	В	А	Д	А	Н	А	К	Ж
Щ	Н	О	Я	Ф	Я	К	Ь	Ж	Ш	П	Ж	К	Т	И	В
Е	Е	Щ	Х	Р	Ц	Х	Ч	П	А	Ь	Ж	Ь	Ч	Н	Ж
Ч	В	Ы	Ш	Ы	Д	С	Ъ	Ж	М	Н	Е	М	В	Ь	П
Б	Р	А	З	И	Л	И	Я	И	Д	Н	И	Ь	Ъ	Ж	Ф

АФГАНИСТАН
ГЕРМАНИЯ
АРГЕНТИНА
БРАЗИЛИЯ
КАНАДА
ИСПАНИЯ
ЭКВАДОР
ФИНЛЯНДИЯ
ИНДИЯ
ИЗРАИЛЬ
ЛИВИЯ
МАЛИ
МАРОККО
НИКАРАГУА
НОРВЕГИЯ
ПАНАМА
ФИЛИППИНЫ
ПОЛЬША
РУМЫНИЯ
ВЕНЕСУЭЛА

95 - Nombres

Л	С	Н	М	Н	Ф	Щ	Ю	П	Я	К	Л	И	Л	В	Ц
Ы	И	О	А	К	И	В	В	Я	Л	Ч	М	Ц	У	О	Т
С	Ы	К	М	Т	Ш	А	М	Т	П	К	И	В	П	С	Р
Ь	Я	Р	Р	С	К	Л	Х	Ь	Т	К	Ц	Ф	Л	Е	И
Д	Щ	И	Г	Ь	Т	А	Ц	Д	А	Н	Е	В	Д	М	Н
Л	М	Ъ	Р	В	Т	Б	С	Х	Щ	Д	У	Б	Е	Н	А
Д	Е	В	Я	Т	Ь	Т	Я	С	Е	Д	Ь	Н	В	А	Д
Т	Р	Ш	Е	С	Т	Н	А	Д	Ц	А	Т	Ь	Я	Д	Ц
Ж	Ы	Ф	Д	Е	С	Я	Т	И	Ч	Н	Ы	Й	Т	Ц	А
Ь	Т	А	Ц	Д	А	Н	Т	Я	П	Щ	Н	Ы	Н	А	Т
Л	Е	Д	В	А	Д	Ц	А	Т	Ь	Д	Б	Ц	А	Т	Ь
Е	Ч	Ш	Е	С	Т	Ь	М	Е	С	О	В	И	Д	Ь	Ъ
Ь	С	С	Е	М	Ь	У	Н	У	Л	Ь	Р	А	Ц	Щ	В
С	Е	М	Н	А	Д	Ц	А	Т	Ь	Ц	Ю	О	А	Щ	И
Д	С	Ц	Х	Ь	Т	А	Ц	Д	А	Н	Р	Ы	Т	Е	Ч
У	Ц	О	Ц	А	Ц	Ю	Ь	Х	Д	Н	Ж	К	Ь	С	Р

ПЯТЬ
ДВА
ДЕСЯТИЧНЫЙ
ДЕСЯТЬ
ВОСЕМНАДЦАТЬ
ДЕВЯТНАДЦАТЬ
СЕМНАДЦАТЬ
ДВЕНАДЦАТЬ
ВОСЕМЬ
ДЕВЯТЬ
ЧЕТЫРНАДЦАТЬ
ЧЕТЫРЕ
ПЯТНАДЦАТЬ
ШЕСТНАДЦАТЬ
СЕМЬ
ШЕСТЬ
ТРИНАДЦАТЬ
ТРИ
ДВАДЦАТЬ
НУЛЬ

96 - Psychologie

К	Л	Р	Е	А	Л	Ь	Н	О	С	Т	Ь	Н	Н	М	Х
Я	И	Н	А	Н	З	О	С	З	Е	Б	Ч	Я	Я	Е	У
Ы	Ч	О	К	Ф	Ъ	Г	Л	Б	М	Ы	С	Л	И	Я	Ф
И	Н	Н	Ц	Л	Ы	Э	Ю	О	И	А	И	Ц	Ц	М	Ъ
М	О	А	Н	Е	И	Е	Д	И	Ш	Ф	Ф	Ц	А	Я	О
Ы	С	Б	Я	Ф	Н	Н	Д	Ы	Ы	Д	П	Я	С	Ц	Д
Я	Т	Л	А	Т	Е	К	И	Р	Ч	Р	М	Ю	Н	У	Х
Х	Ь	Ч	М	П	Ю	Ш	А	Ч	Ц	А	Ю	Д	Е	Л	Ц
П	О	В	Е	Д	Е	Н	И	Е	Е	Ц	Ж	Н	С	М	В
М	Ц	К	Л	М	В	П	О	В	Т	С	Т	Е	Д	Я	Л
М	Д	М	Б	Т	Е	Р	А	П	И	Я	К	Ч	Ь	М	И
Ь	Л	Ъ	О	К	О	Н	Ф	Л	И	К	Т	И	С	Н	Я
Л	Р	Ф	Р	С	Г	Я	Ч	Д	А	А	Я	П	Й	И	Н
А	М	Ю	П	П	О	Д	С	О	З	Н	А	Н	И	Е	И
В	О	С	П	Р	И	Я	Т	И	Е	Ш	Л	С	Н	В	Я
А	Б	И	Х	Д	Э	М	О	Ц	И	И	О	П	Ы	Т	Д

КЛИНИЧЕСКИЙ
ПОВЕДЕНИЕ
КОНФЛИКТ
ЭГО
ДЕТСТВО
ОПЫТ
ЭМОЦИИ
ОЦЕНКА
ИДЕИ
БЕЗ СОЗНАНИЯ
ВЛИЯНИЯ
МЫСЛИ
ВОСПРИЯТИЕ
ЛИЧНОСТЬ
ПРОБЛЕМА
РЕАЛЬНОСТЬ
МЕЧТЫ
СЕНСАЦИЯ
ПОДСОЗНАНИЕ
ТЕРАПИЯ

97 - Nature

С	Ь	М	Ю	О	У	Ы	Р	П	К	Р	А	С	О	Т	А
В	Л	Ю	И	П	П	Б	Щ	Б	У	Ш	Т	Р	Ю	Ы	Щ
Я	С	Е	Л	Р	Щ	Л	Я	Ь	Х	С	П	Ф	Н	П	Ф
Т	А	Б	Д	И	Н	А	М	У	Т	Л	Т	Ц	Х	Р	Е
И	Р	Ш	Д	Н	Й	Ы	Д	И	К	И	Й	Ы	Р	О	Г
Л	К	А	Т	Т	И	Ш	Й	Ю	Е	Ч	Ы	А	Н	Щ	А
И	Т	М	О	Б	К	К	У	К	Р	Ы	Т	И	Е	Я	Ы
Щ	И	Л	Н	Ц	С	Ъ	Л	Ч	Ю	Л	М	Т	Е	У	Ъ
Е	Ч	Э	Г	М	Е	Ч	Л	Е	Ж	Е	Ю	Я	Ф	О	Ф
Г	Е	Р	Ь	Л	Ч	Ч	Ж	К	О	Ч	Ч	А	П	Б	Х
Ц	С	О	И	Ц	И	Щ	Е	Р	Т	П	Ы	У	Ъ	Л	Б
Л	К	З	Е	П	М	Ж	И	В	О	Т	Н	Ы	Е	А	О
Б	И	И	Ж	Г	А	Р	Е	К	А	Р	М	Р	У	К	С
У	Й	Я	Й	Ы	Н	Ж	Е	Т	Я	М	З	Е	Б	А	П
Ф	С	Я	Ц	Й	И	К	С	Е	Ч	И	П	О	Р	Т	Я
О	Ц	М	Ь	Ю	Д	Ю	К	Ь	Л	И	С	Т	В	А	Ъ

ПЧЕЛЫ
УКРЫТИЕ
ЖИВОТНЫЕ
АРКТИЧЕСКИЙ
КРАСОТА
ТУМАН
ПУСТЫНЯ
ДИНАМИЧЕСКИЙ
ЭРОЗИЯ
ЛИСТВА
РЕКА
ЛЕС
ЛЕДНИК
ГОРЫ
ОБЛАКА
МИРНЫЙ
СВЯТИЛИЩЕ
ДИКИЙ
БЕЗМЯТЕЖНЫЙ
ТРОПИЧЕСКИЙ

98 - Chimie

Ж	Д	У	Ы	Щ	Т	Р	Н	У	Б	Ы	Ц	Г	Р	Х	К
И	Ч	М	С	Ц	О	П	Ь	У	С	У	О	Н	Ъ	Л	И
Д	Ц	А	Х	Т	Ъ	П	Х	Р	Л	Л	Ъ	Ь	А	О	С
К	Щ	Р	Ж	Х	Д	В	Е	С	Ы	И	О	Н	О	Р	Л
О	Ш	У	Щ	Ь	К	Ш	Ъ	Ь	Ч	Ь	Е	А	М	О	О
С	Г	Т	Б	Е	С	У	Ъ	М	Ш	Т	Ъ	Т	И	Т	Р
Т	Б	А	Б	Й	Л	О	У	Г	Л	Е	Р	О	Д	А	О
Ь	Ь	Р	З	Ы	Х	О	Л	Щ	М	Ш	М	Л	В	З	Д
Я	Д	Е	Р	Н	Ы	Й	Ч	Ь	Т	Е	К	С	О	И	Ы
И	У	П	Ш	М	А	Ц	Д	Н	Б	Ф	Ж	И	Д	Л	Ю
Т	Н	М	У	О	Л	А	И	Ъ	О	Ж	Ж	К	О	А	Ж
Ф	К	Е	М	Т	Щ	Е	Ю	О	Ъ	Й	Д	Ы	Р	Т	Я
Ж	Ч	Т	Г	А	Р	А	Ж	Ю	Ю	Е	А	Ж	О	А	В
А	Т	Б	Э	Л	Е	К	Т	Р	О	Н	У	Р	Д	К	Ъ
Е	Х	Ф	Е	Р	М	Е	Н	Т	М	Е	Т	А	Л	Л	Ы
М	О	Л	Е	К	У	Л	А	Ч	О	П	С	О	А	Х	Я

КИСЛОТА
ЩЕЛОЧНОЙ
АТОМНЫЙ
УГЛЕРОД
КАТАЛИЗАТОР
ЖАРА
ХЛОР
ФЕРМЕНТ
ЭЛЕКТРОН
ГАЗ
ВОДОРОД
ИОН
ЖИДКОСТЬ
МЕТАЛЛЫ
МОЛЕКУЛА
ЯДЕРНЫЙ
КИСЛОРОД
ВЕС
СОЛЬ
ТЕМПЕРАТУРА

99 - Bateaux

О	Г	М	Х	А	Т	Ч	А	М	О	Р	А	П	А	Я	Ф
М	О	Р	С	К	О	Й	К	О	К	Я	Р	О	М	К	Р
Б	Д	Х	Щ	Е	Ц	Р	В	Щ	Е	К	Ц	Л	Г	О	М
В	И	Л	И	Р	П	В	Е	Ж	А	П	И	К	Э	Р	О
К	Я	В	Ш	Ы	Д	О	Р	З	Н	Ш	О	Щ	О	Ь	Р
Щ	А	Х	Ъ	Е	В	Л	Е	Я	О	Ы	Х	Ю	К	К	Е
Ю	Н	Я	Т	К	И	Н	В	Ь	К	Л	Ь	Л	П	Д	К
И	П	Ж	К	А	Г	Ы	К	Е	Е	Ы	Ю	Ъ	Л	Ч	А
С	Ь	Ц	Ь	И	А	А	Р	Ч	Ь	И	Д	О	О	Ф	Н
Ы	О	Е	Т	О	Т	Ъ	Т	А	А	И	В	Ф	Т	Ц	О
Г	Б	Ю	Ъ	Г	Е	Д	Ш	Х	Е	Д	Т	К	Д	Ю	Э
В	Ж	С	Ъ	У	Л	О	Д	Л	Р	Ь	Я	Д	Щ	М	Ю
Ф	М	Х	Х	Ю	Ь	К	М	Ф	Д	Ю	Щ	Н	Ъ	К	Г
Ж	Ц	Т	Ш	Я	М	К	К	Н	Б	Р	Ш	В	В	Д	С
Р	Ч	Д	Т	Х	Щ	В	Н	М	У	И	В	Е	Б	Ч	К
Х	У	Ш	В	Ш	Ы	Ъ	С	Ч	Й	Д	Ы	Р	Л	О	Я

ЯКОРЬ
БУЙ
КАНОЭ
ВЕРЕВКА
ДОК
ЭКИПАЖ
ПАРОМ
РЕКА
КАЯК
ОЗЕРО

ПРИЛИВ
МОРЯК
МАЧТА
МОРЕ
ДВИГАТЕЛЬ
МОРСКОЙ
ОКЕАН
ПЛОТ
ВОЛНЫ
ЯХТА

100 - Mesures

Р	О	Н	Ч	К	У	В	Ы	В	Ь	И	К	Ф	К	А	В
Т	Д	Ц	Р	О	Ч	Е	Р	П	А	Н	И	Р	И	Ш	Ш
Д	Ю	Й	М	Ш	П	С	Б	Щ	М	Е	Л	Т	Ш	Ц	Г
Д	Л	И	Н	А	Я	М	П	Я	Д	Б	О	Е	Ш	Щ	Л
Й	Н	М	И	М	Р	Н	Ф	И	Б	К	Г	М	Д	Ш	У
Ю	Ы	И	Ю	И	Т	Ж	Я	Ф	Т	Ц	Р	Р	А	А	Б
В	Ь	Н	Е	П	Е	Т	С	Ж	О	Ы	А	Т	Г	Ч	И
Х	Ъ	У	Ч	Я	М	Й	Ц	Я	П	Ф	М	Е	И	Ы	Н
Д	Г	Т	Л	И	И	А	С	С	А	М	М	М	Л	Л	А
Ч	С	А	У	К	Т	Б	Щ	Б	Л	Е	Ж	О	Т	С	О
Ц	Щ	Т	Г	Т	Н	Я	Г	Н	О	Ъ	И	Л	Л	У	Т
У	Щ	О	Б	Б	А	И	С	Р	О	Б	И	И	Б	А	О
Е	Ф	С	Х	Ы	С	Ц	Ш	Е	А	О	Щ	К	В	Ь	Н
У	М	Ы	Ч	Б	Г	Н	В	У	Д	М	А	Ш	Р	Б	Н
Б	О	В	Ы	К	Ы	У	К	П	И	Ю	М	В	Т	Е	А
А	Д	Б	У	С	А	В	Ф	Ъ	Х	Ю	Г	Ю	Ц	А	С

САНТИМЕТР
СТЕПЕНЬ
ДЕСЯТИЧНЫЙ
ГРАММ
ВЫСОТА
КИЛОГРАММ
КИЛОМЕТР
ШИРИНА
ЛИТР
ДЛИНА
МАССА
МЕТР
МИНУТА
БАЙТ
УНЦИЯ
ВЕС
ДЮЙМ
ГЛУБИНА
ТОННА
ОБЪЕМ

1 - Adjectifs #2

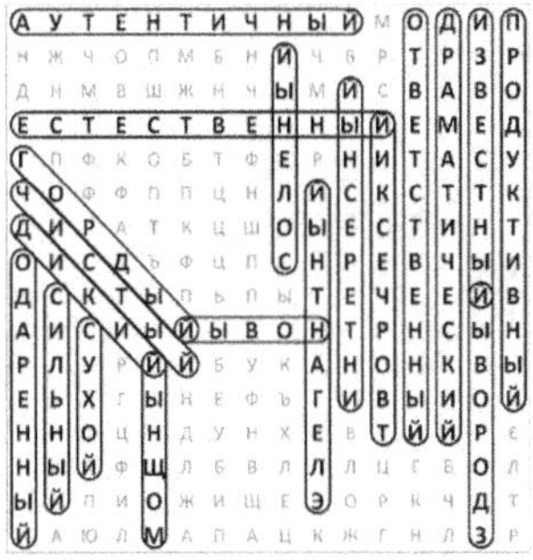

2 - Formes

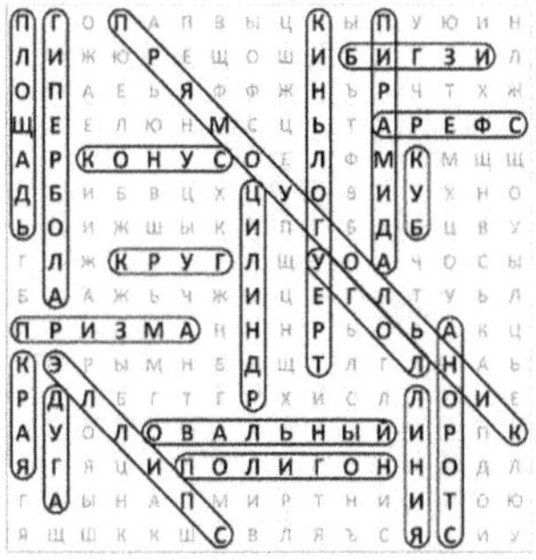

3 - Force et Gravité

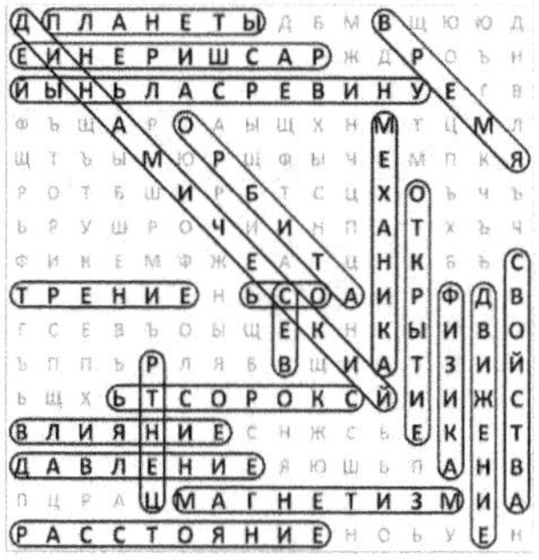

4 - Adjectifs #1

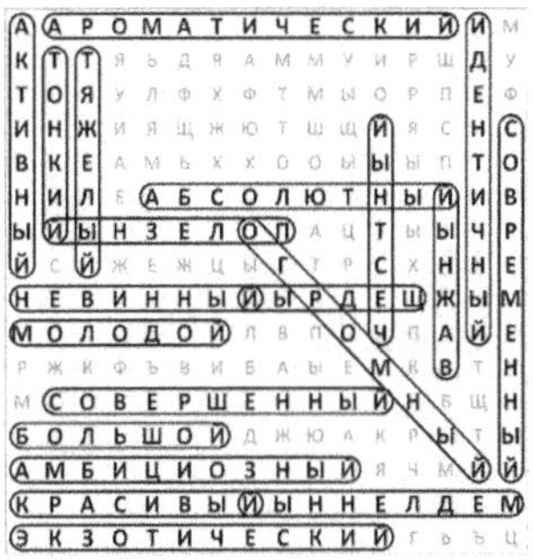

5 - Instruments de Musique

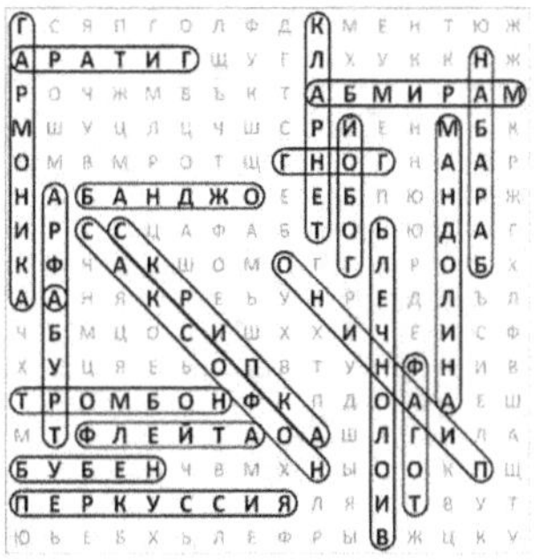

6 - Échecs

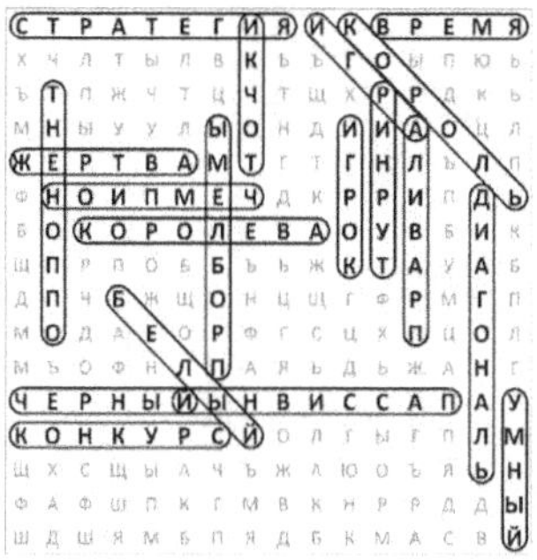

7 - Herboristerie

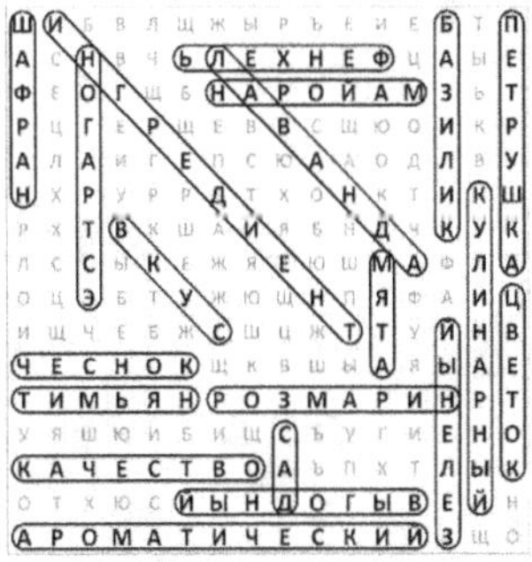

8 - Photographie

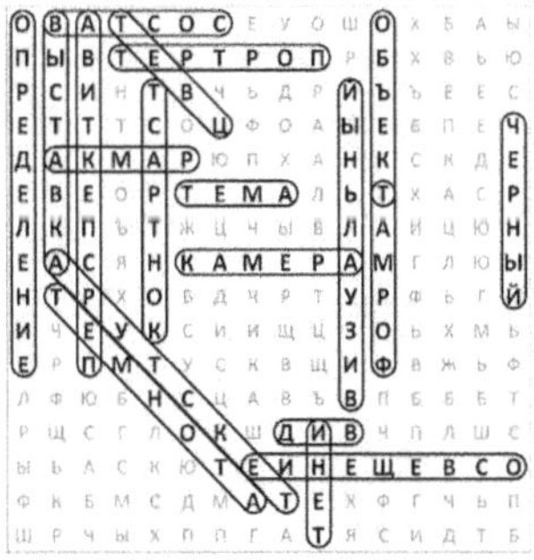

9 - Véhicules

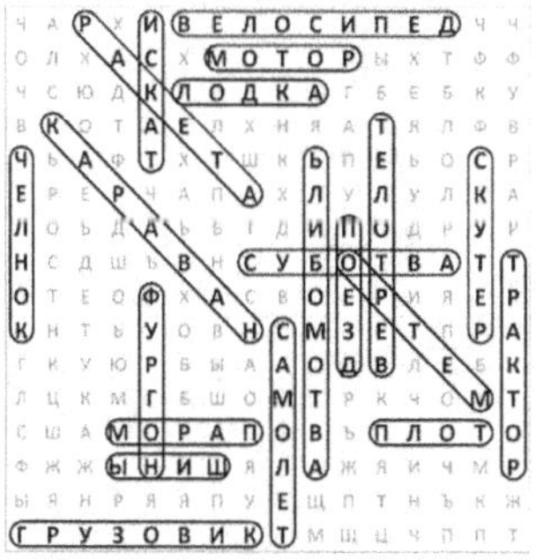

10 - Camping

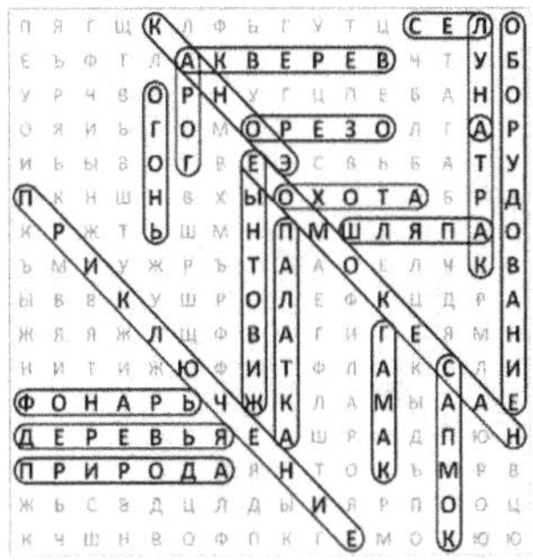

11 - Géométrie

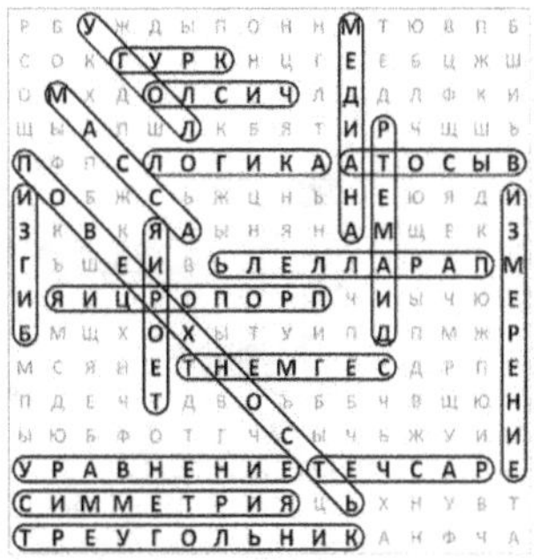

12 - Philanthropie

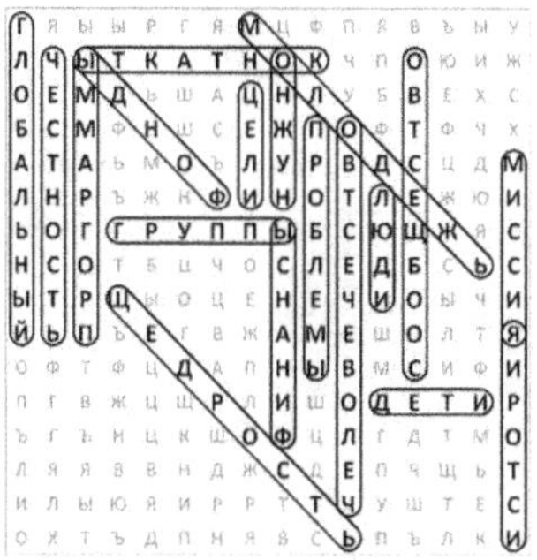

13 - Diplomatie

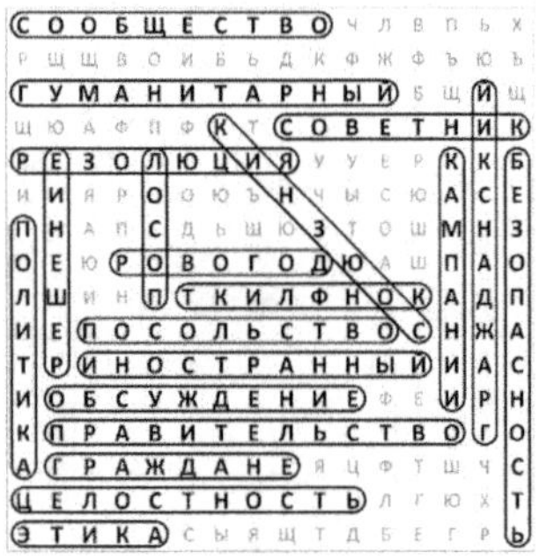

14 - Électricité

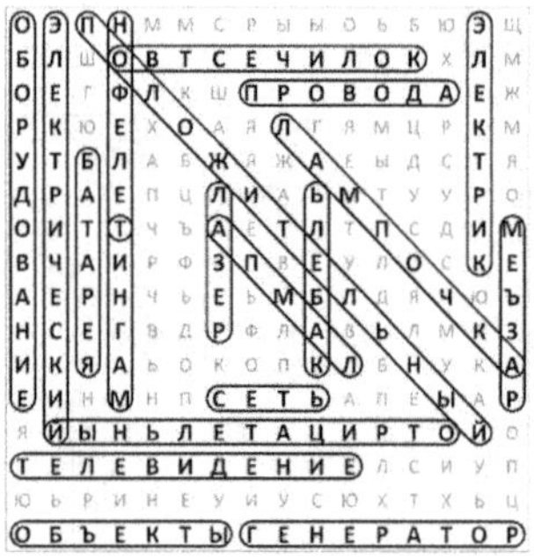

15 - Astronomie

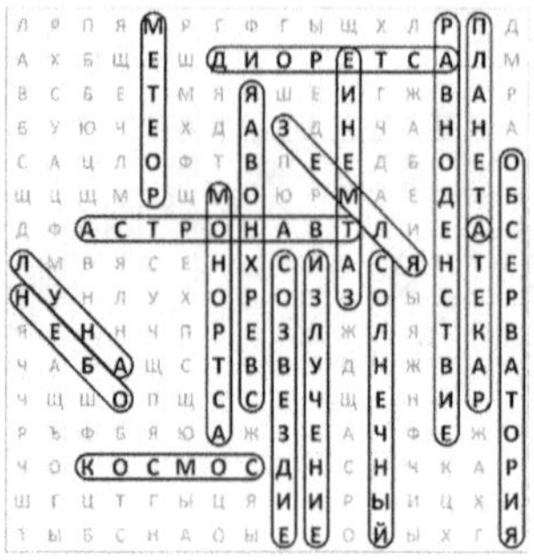

16 - Physique

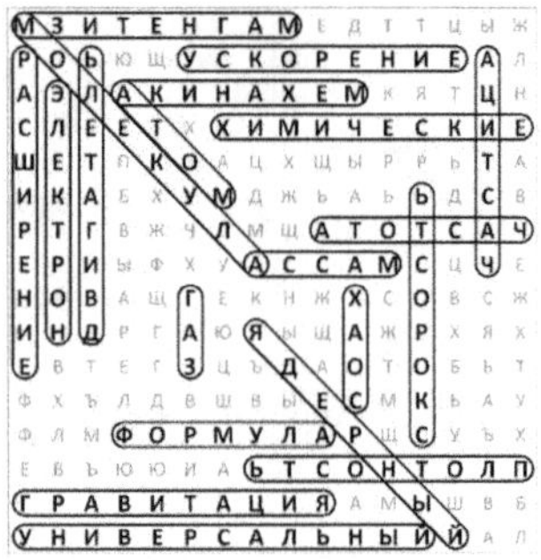

17 - Types de Cheveux

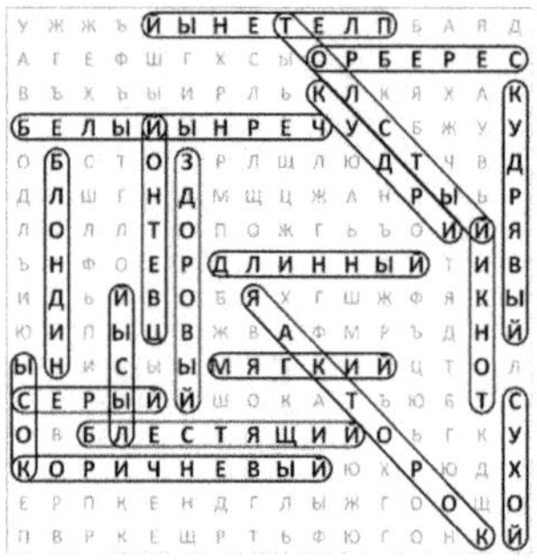

18 - Archéologie

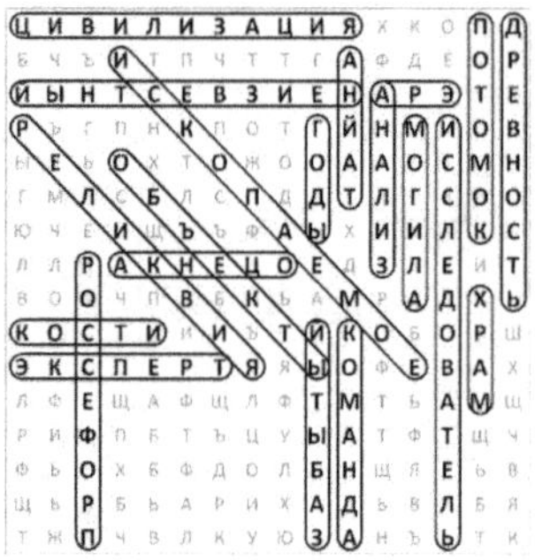

19 - Mammifères

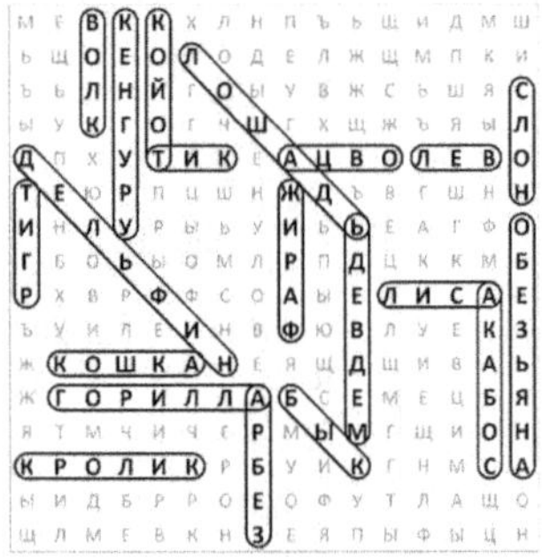

20 - Chocolat

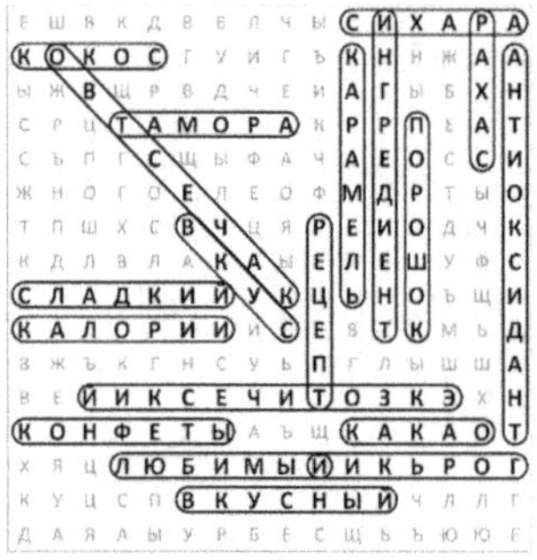

21 - Mathématiques

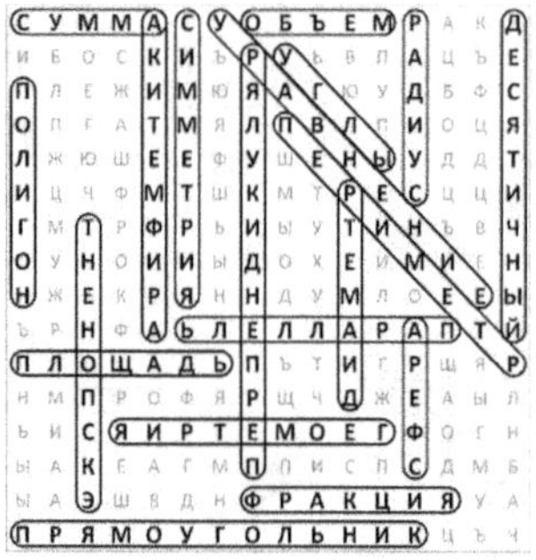

22 - Mythologie

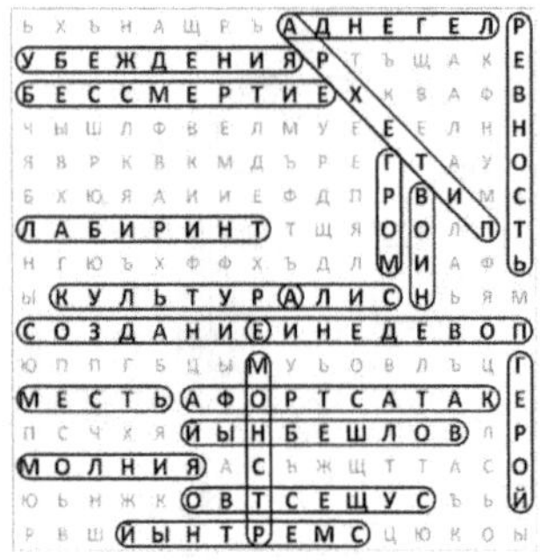

23 - Restaurant #2

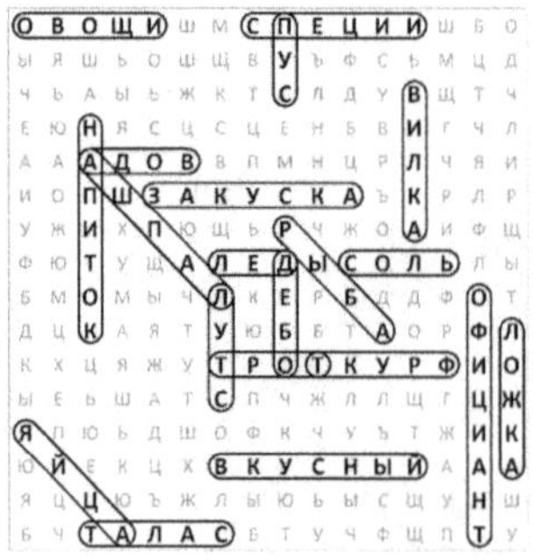

24 - Beauté

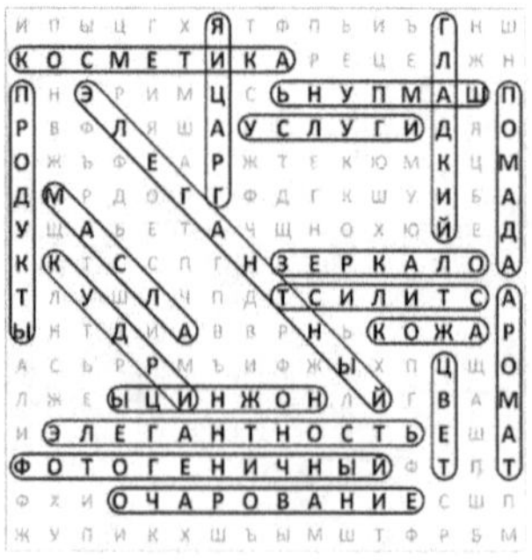

25 - Avions

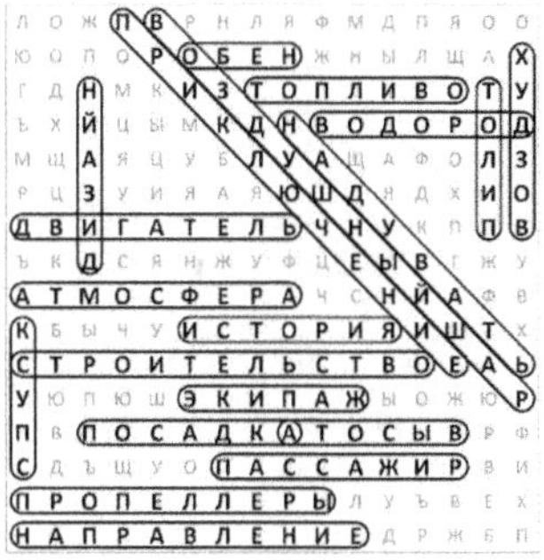

26 - Aventure

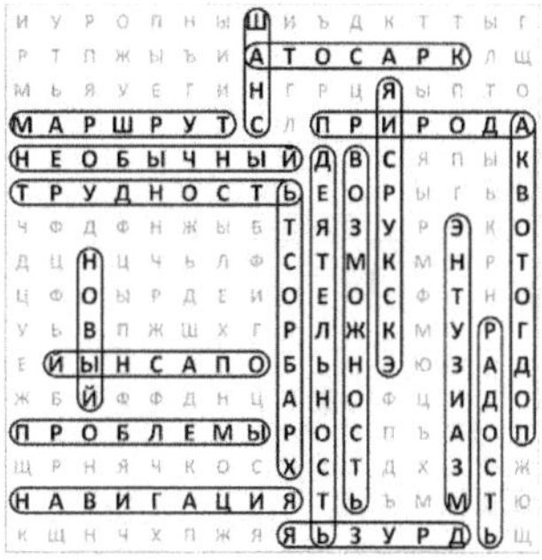

27 - Ville

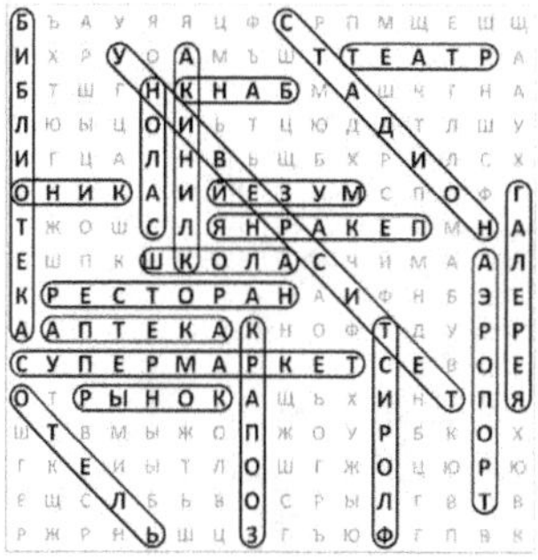

28 - Ingénierie

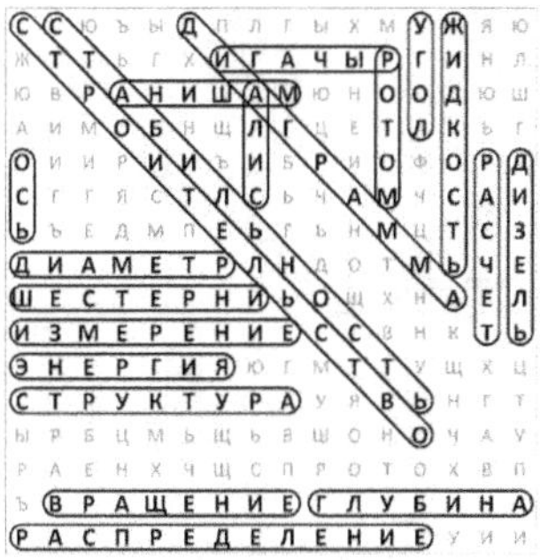

29 - Cuisine

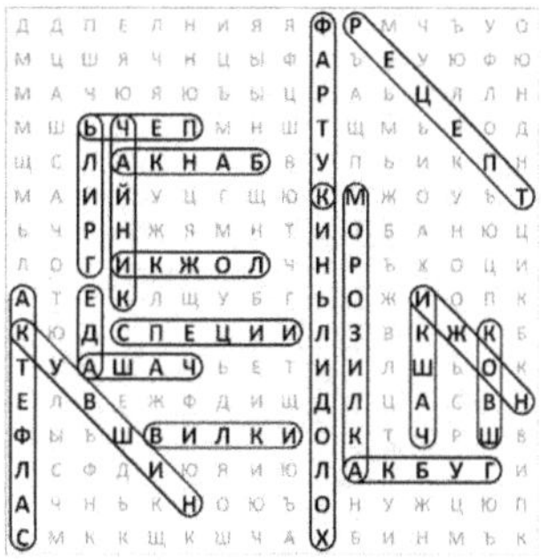

30 - Corps Humain

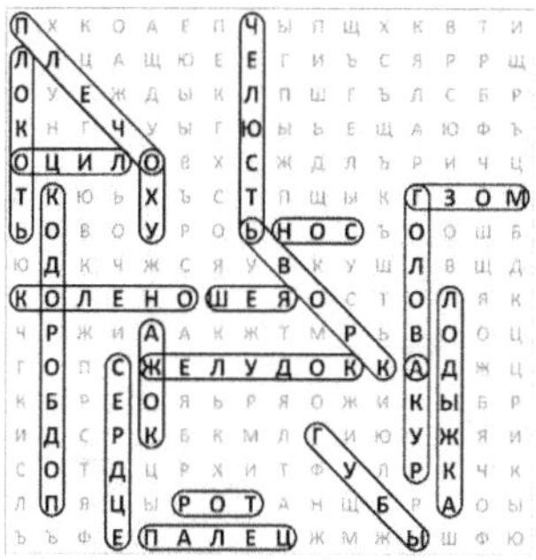

31 - Biologie

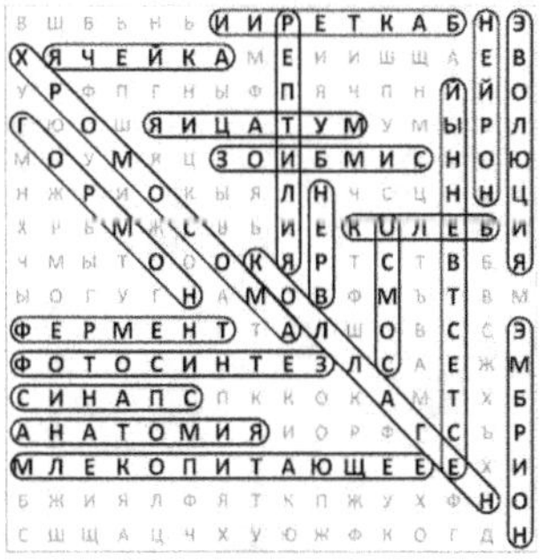

32 - Épices

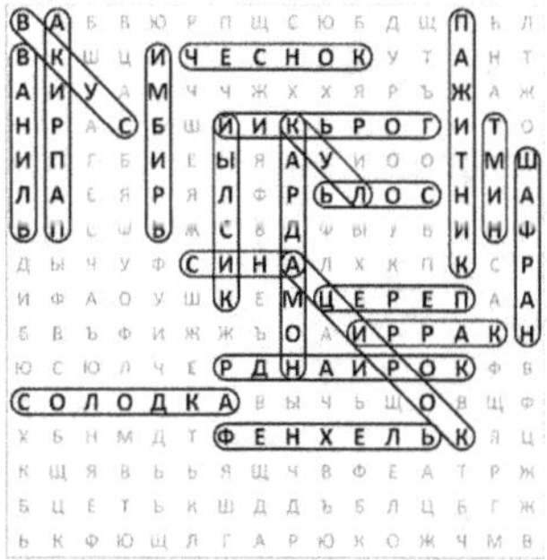

33 - Agronomie

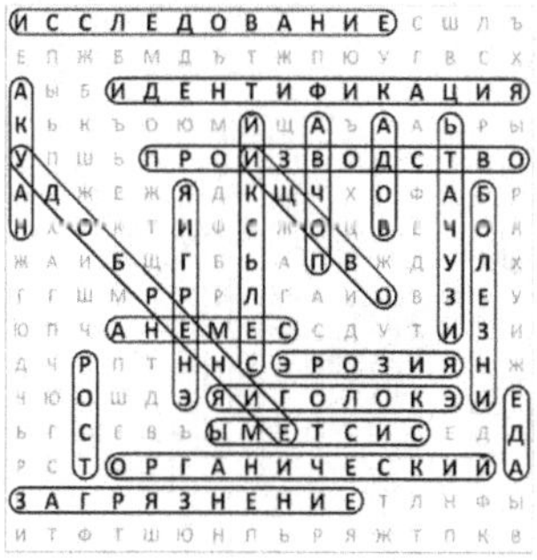

34 - Science

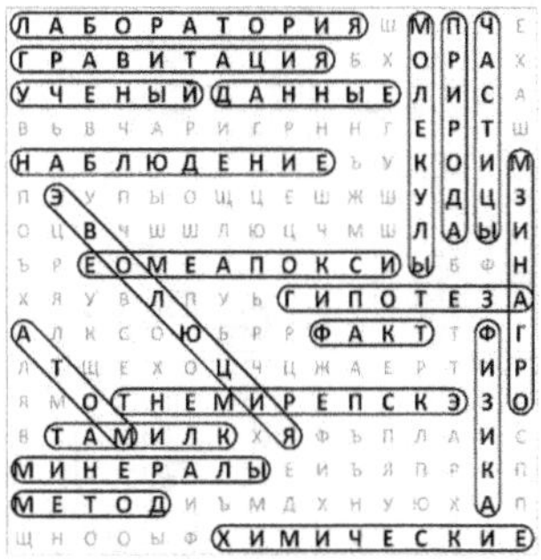

35 - Vêtements

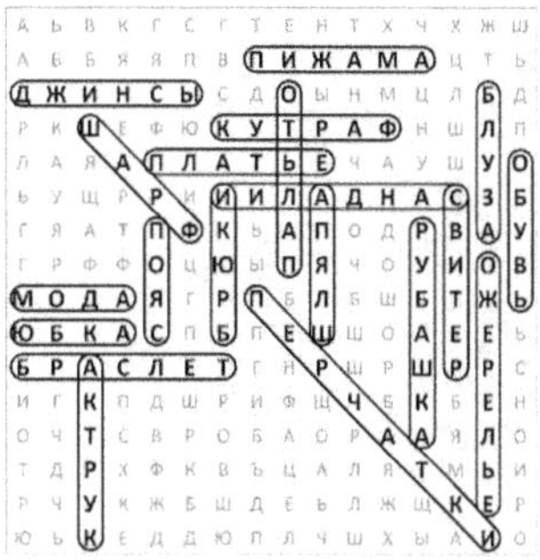

36 - Arts Visuels

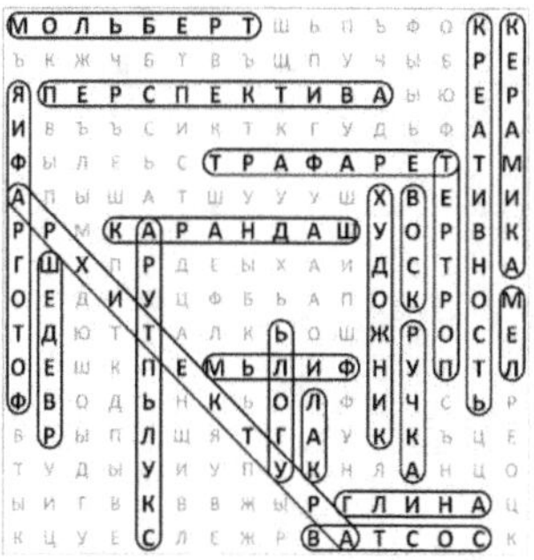

37 - Méditation

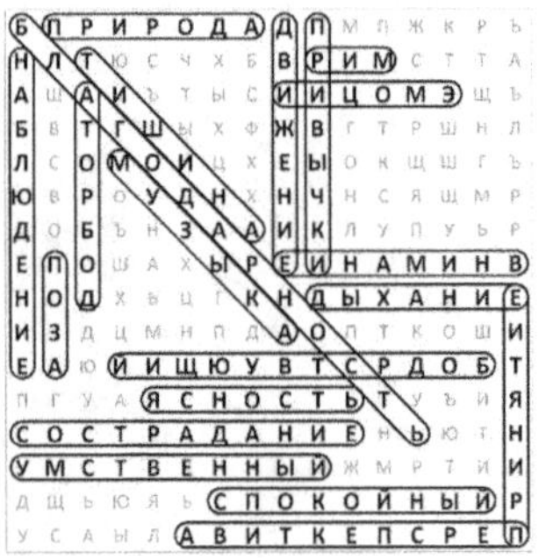

38 - Littérature

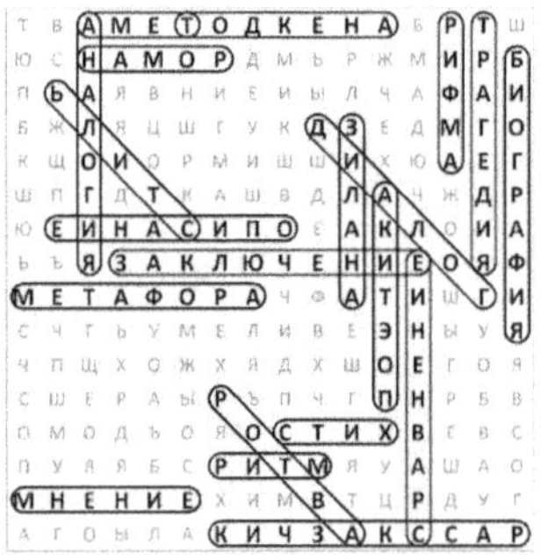

39 - Nourriture #1

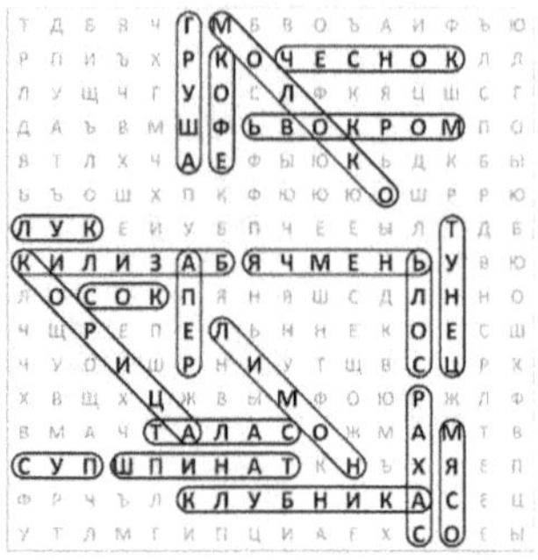

40 - Jours et Mois

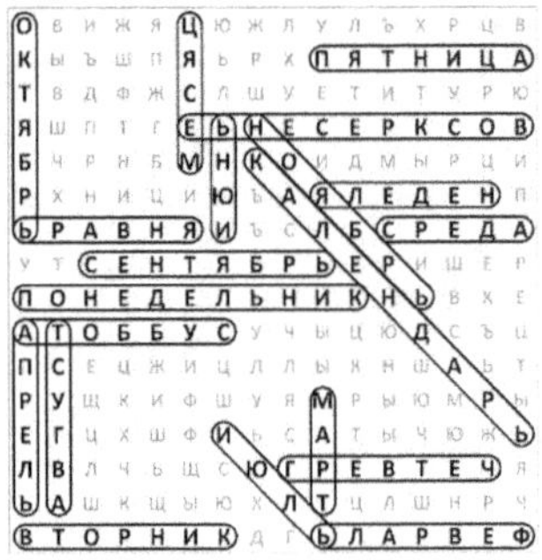

41 - Jardinage

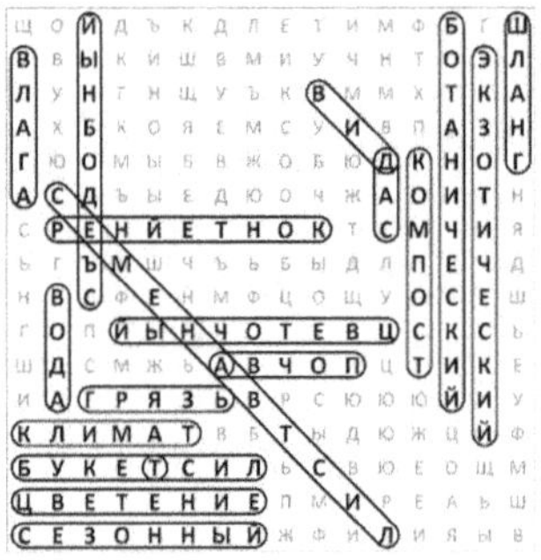

42 - Entreprise

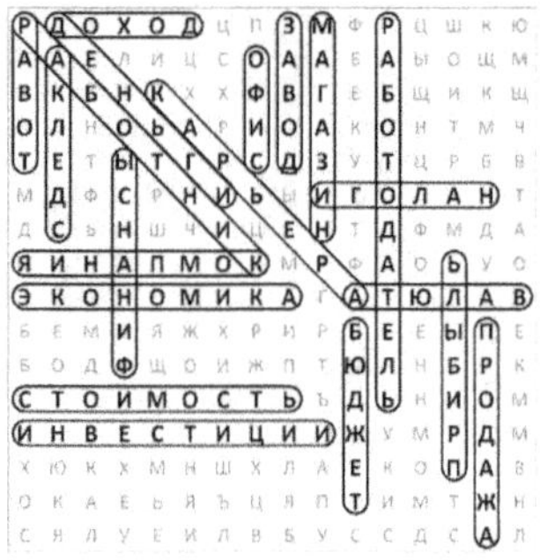

43 - Activités

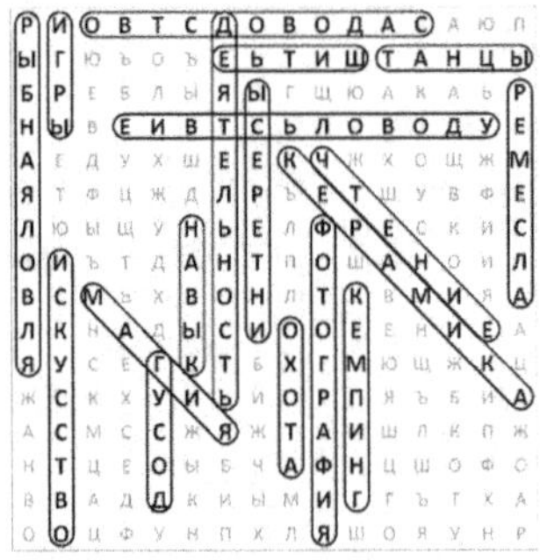

44 - Mode

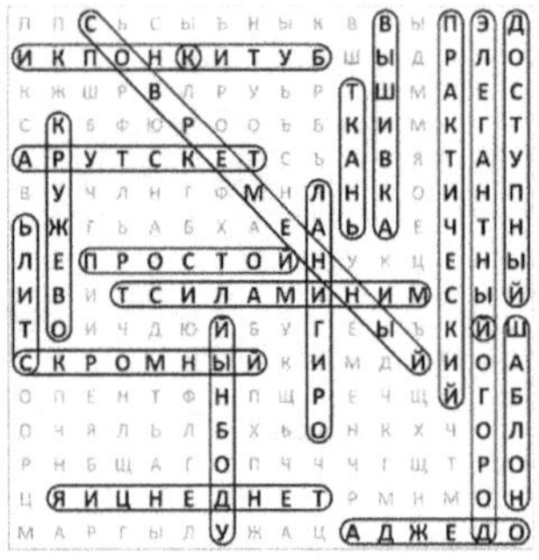

45 - Fleurs

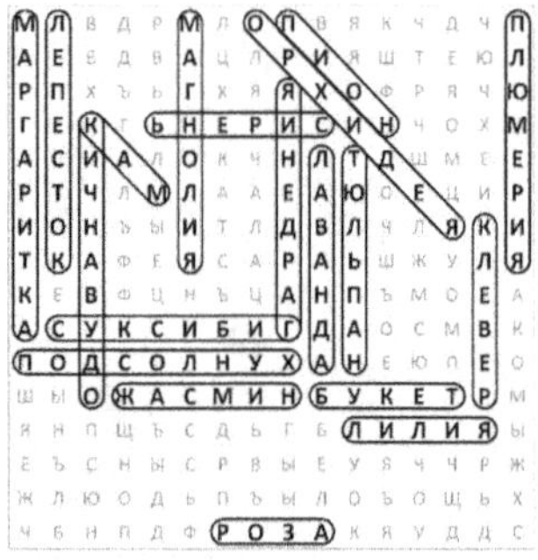

46 - Nourriture #2

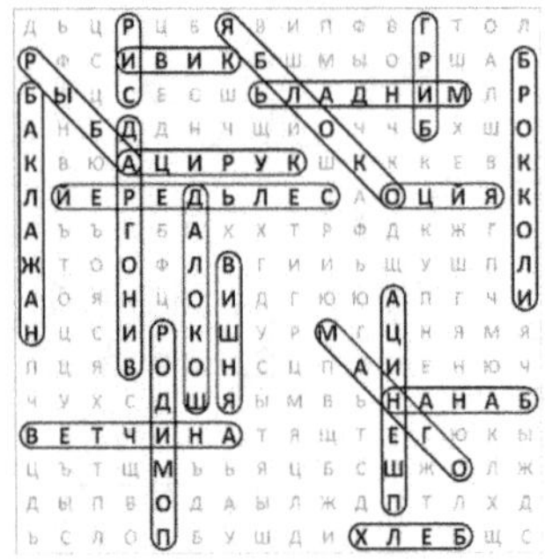

47 - Algèbre

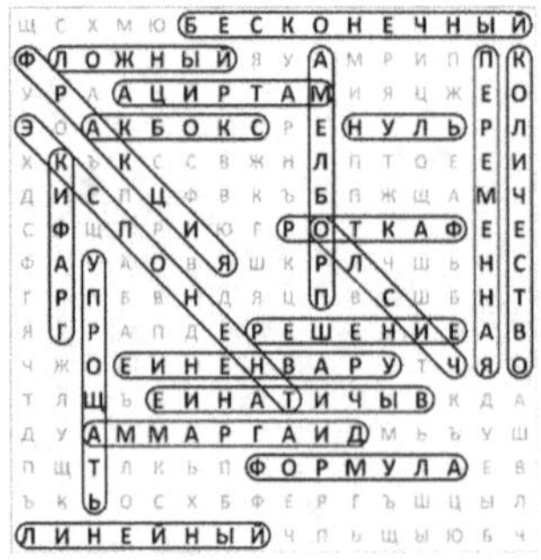

48 - Océan

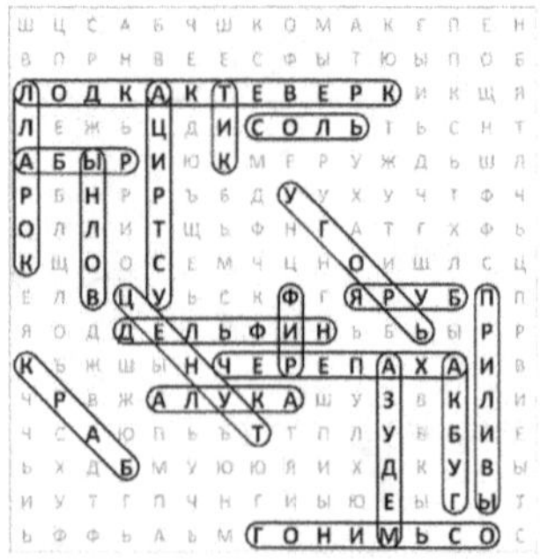

49 - Antiquités

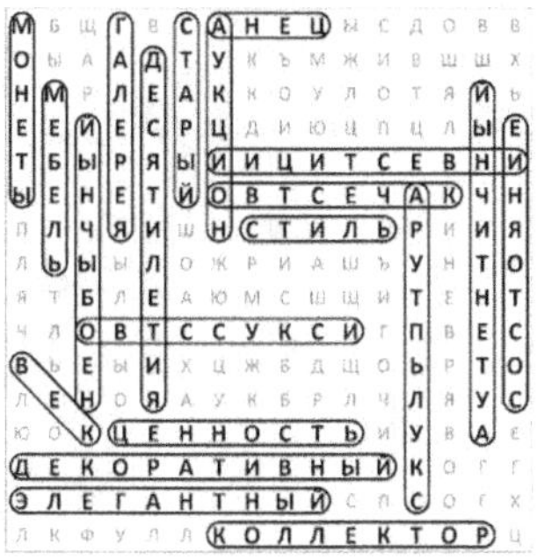

50 - Boxe

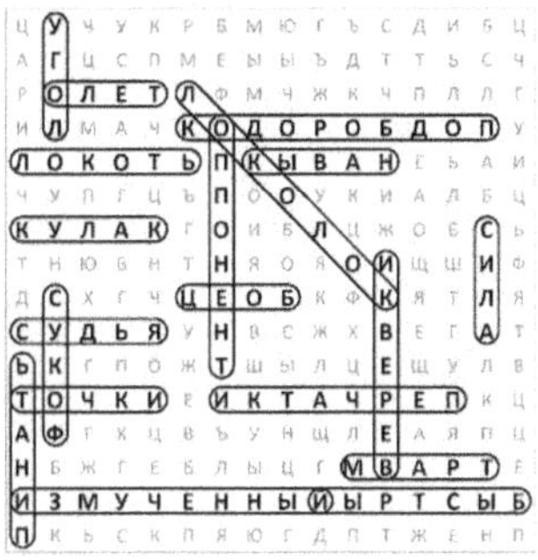

51 - Réchauffement Cli

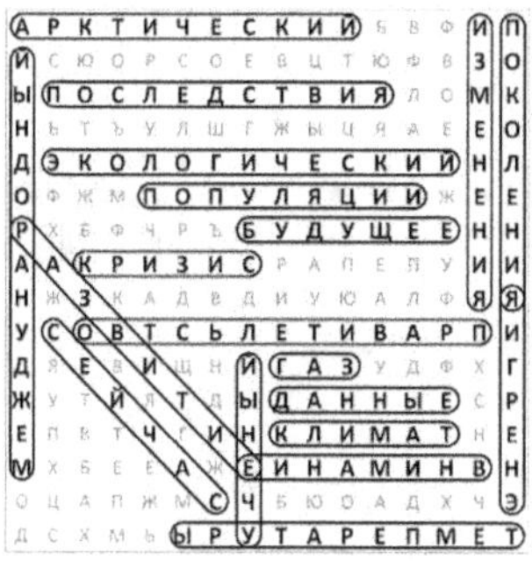

52 - Ballet

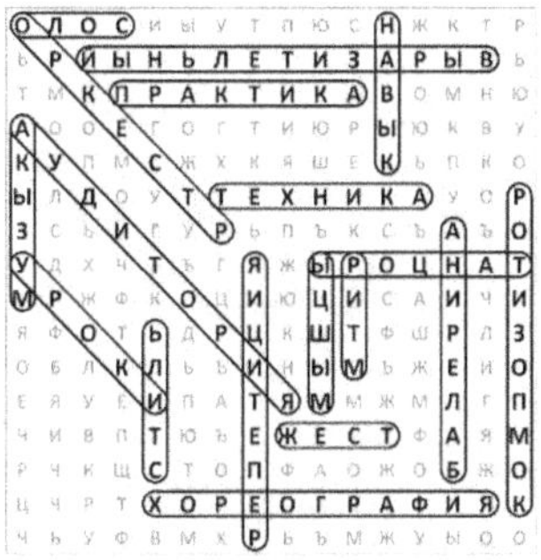

53 - Fruit

54 - Musique

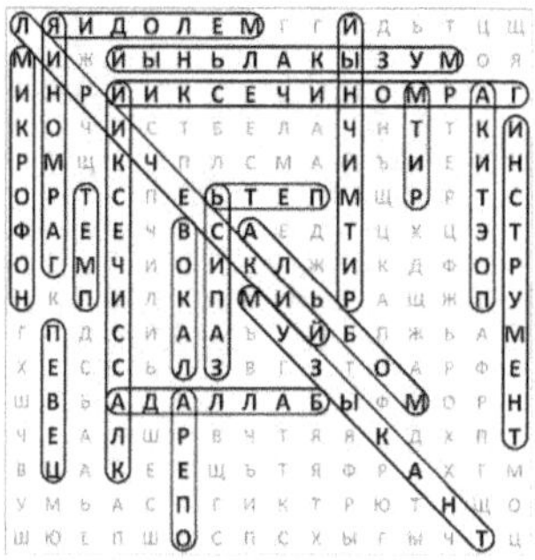

55 - Météo

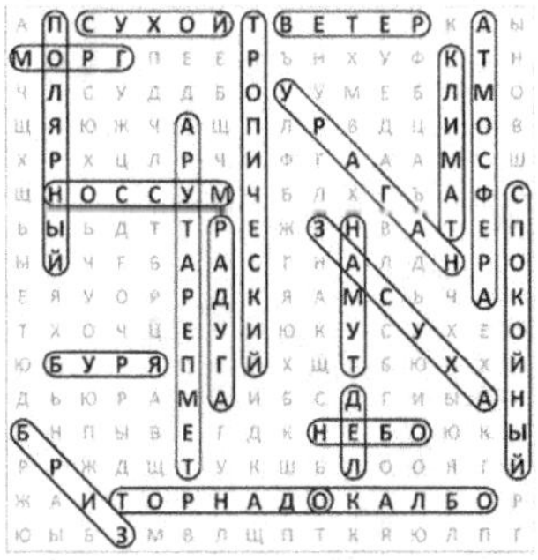

56 - Gouvernement

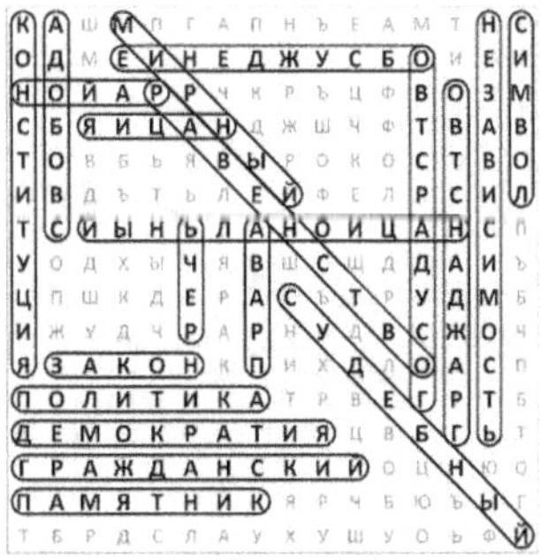

57 - Randonnée

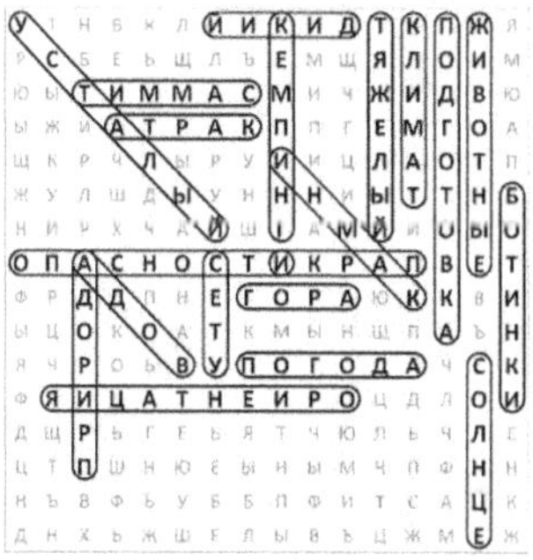

58 - Nutrition

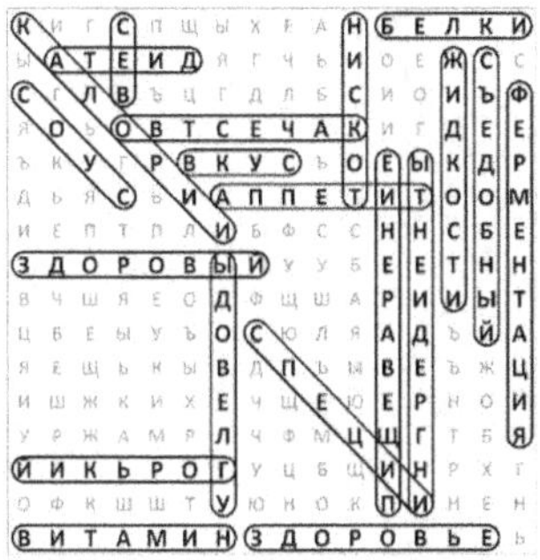

59 - Science Fiction

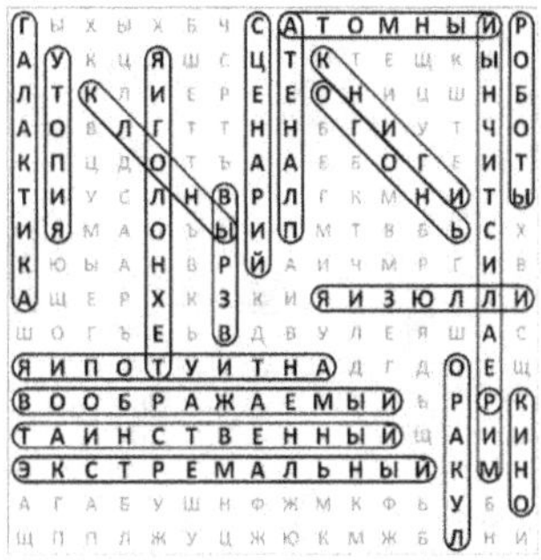

60 - Professions #1

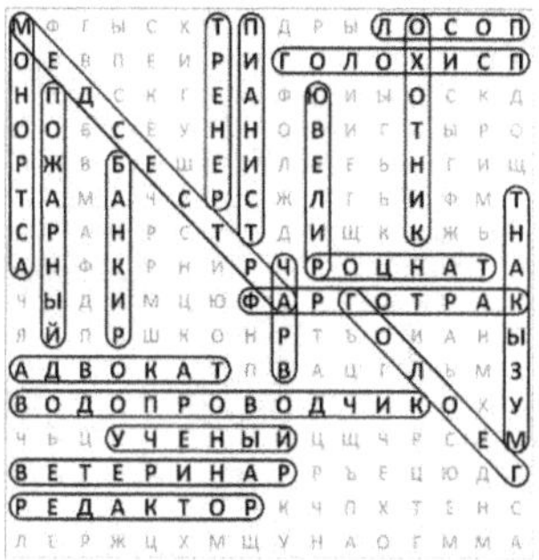

61 - Géologie

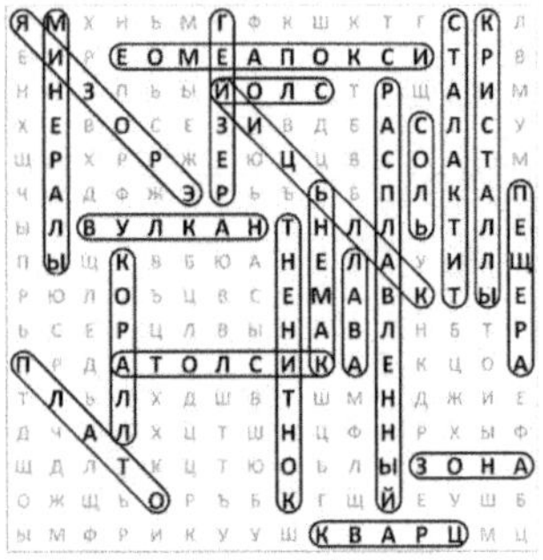

62 - Jardin

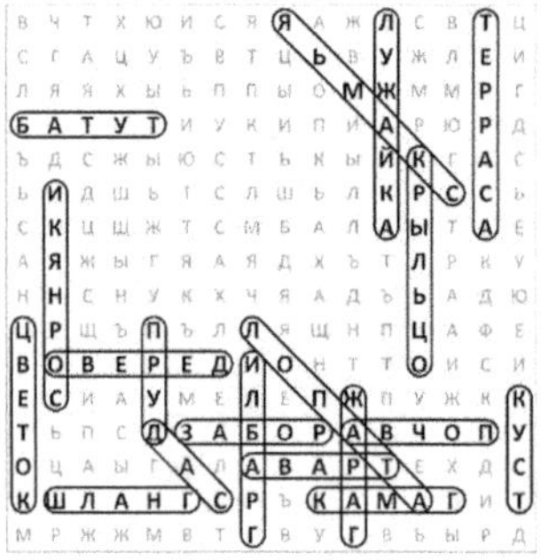

63 - Santé et Bien Être #1

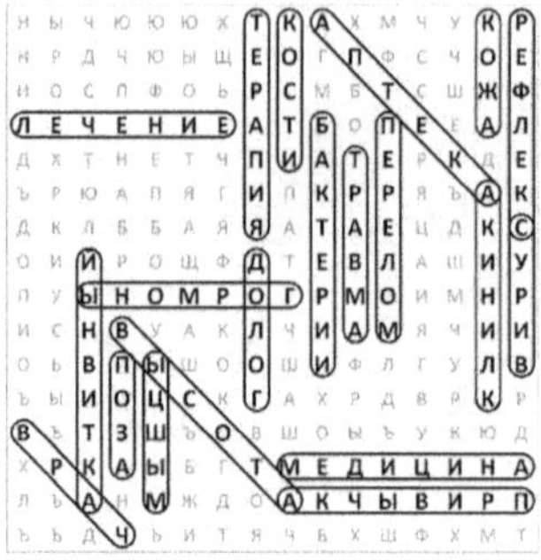

64 - Barbecues

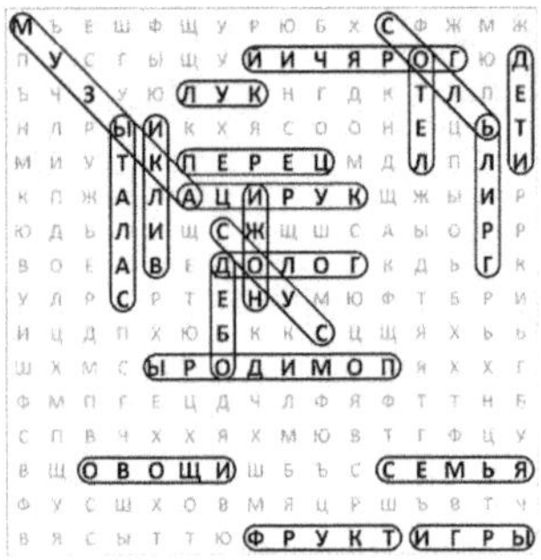

65 - Insectes

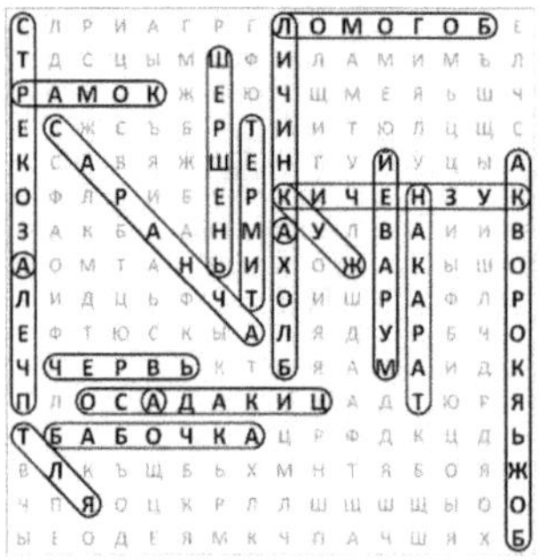

66 - Ferme #1

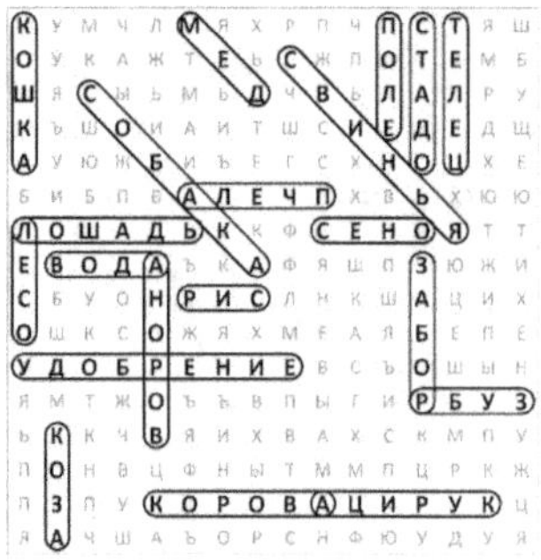

67 - Café

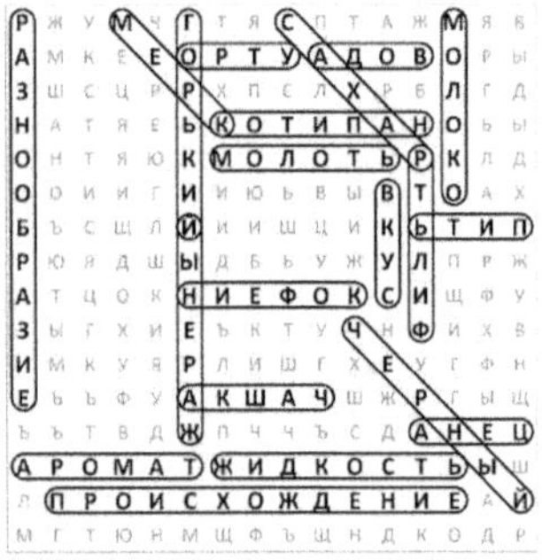

68 - Antarctique

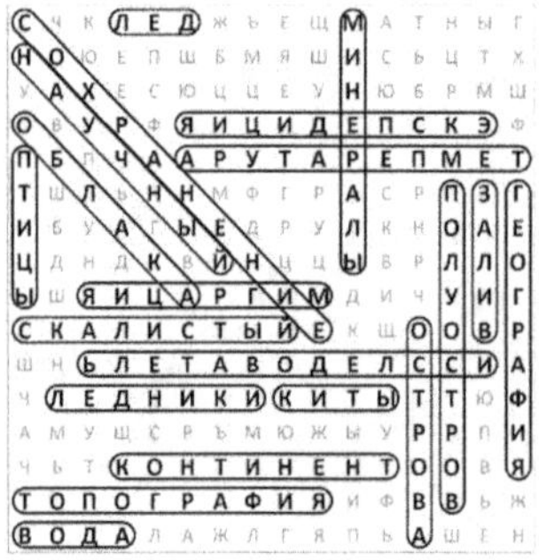

69 - Professions #2

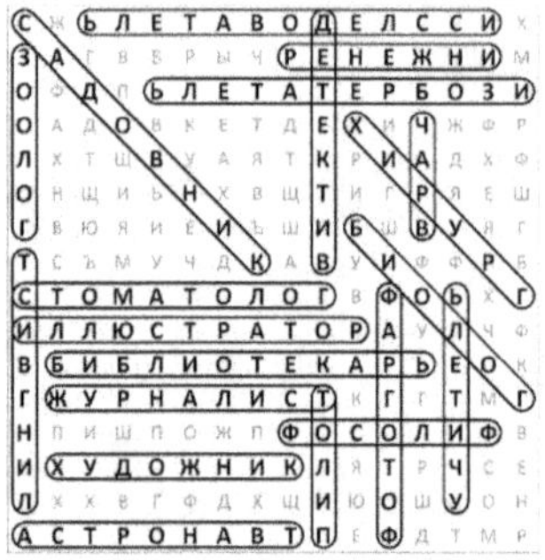

70 - Les Abeilles

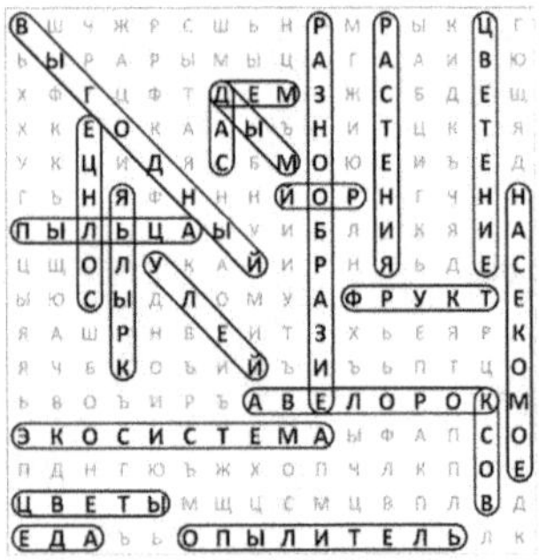

71 - Santé et Bien Être #2

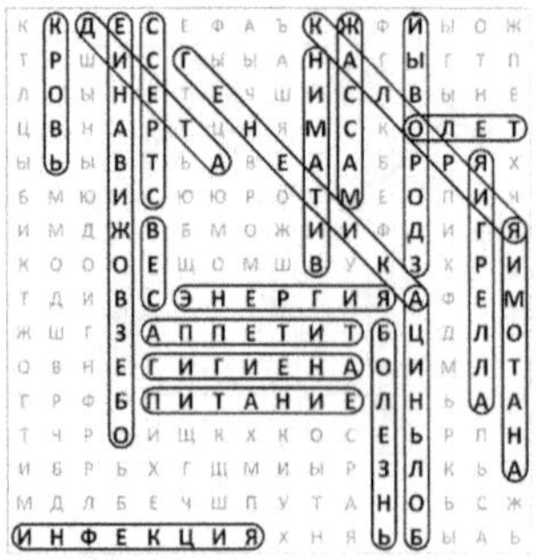

72 - Conduite

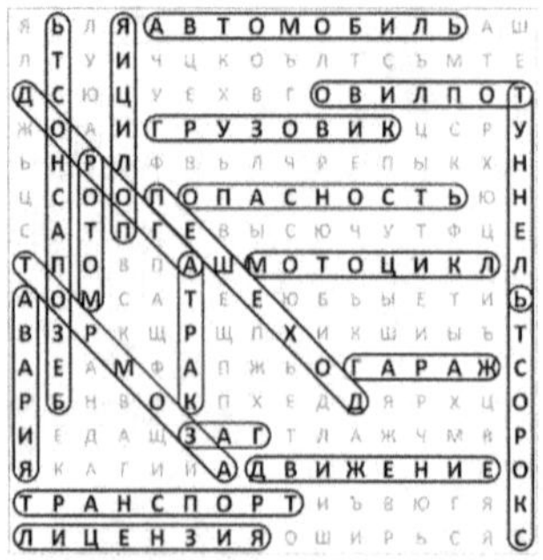

73 - Plantes

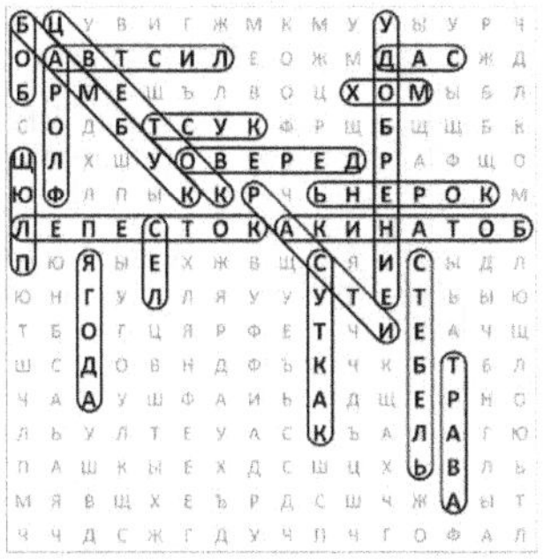

74 - Ferme #2

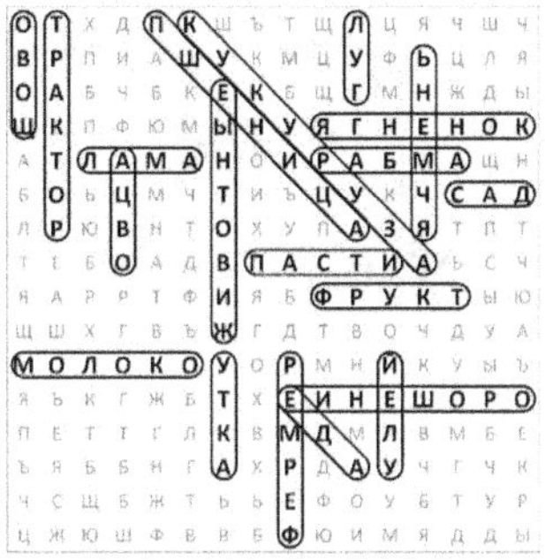

75 - Vacances #2

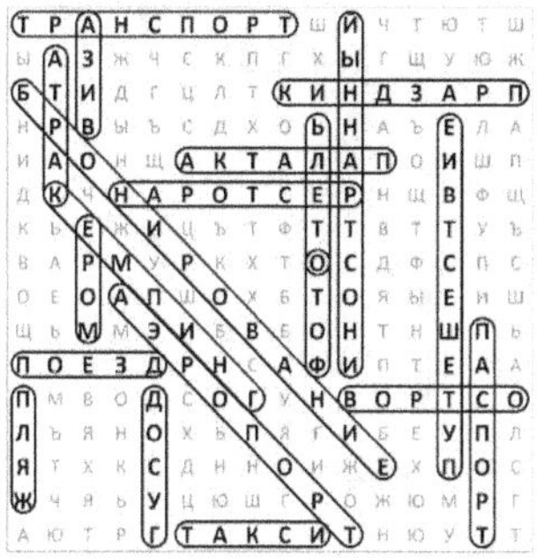

76 - Temps

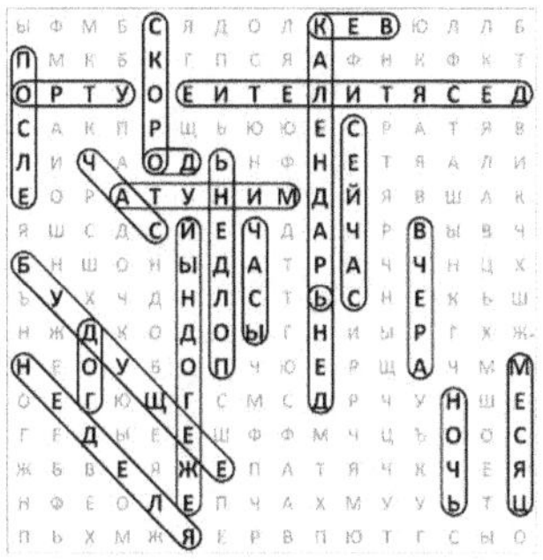

77 - Immigration

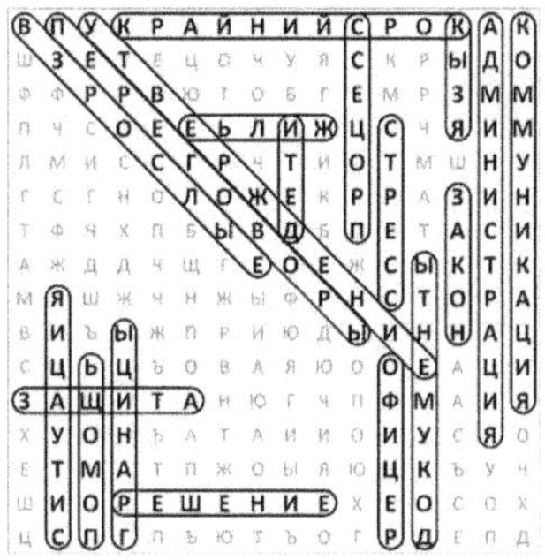

78 - Maison

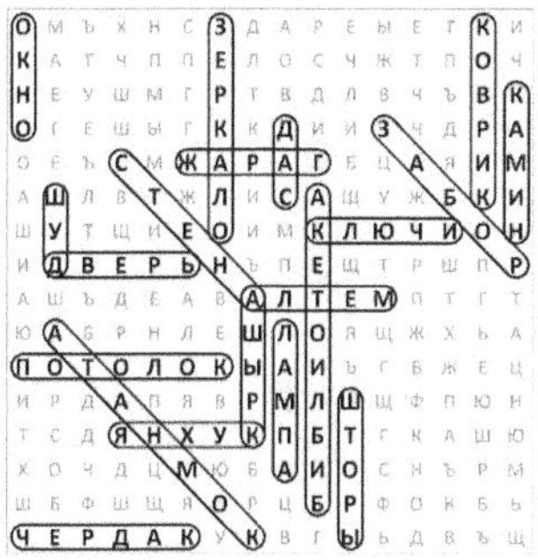

79 - Légumes

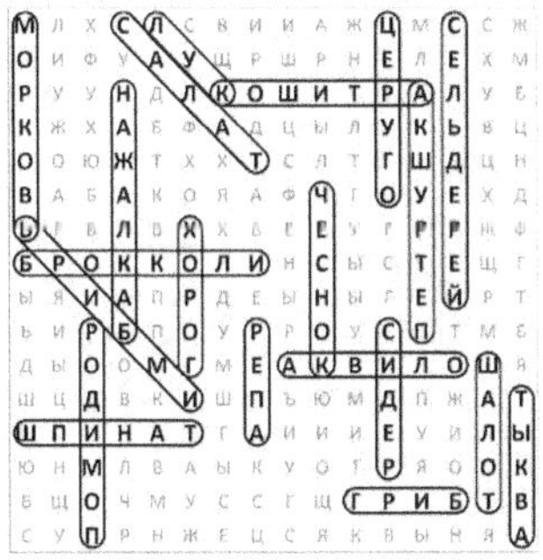

80 - Famille

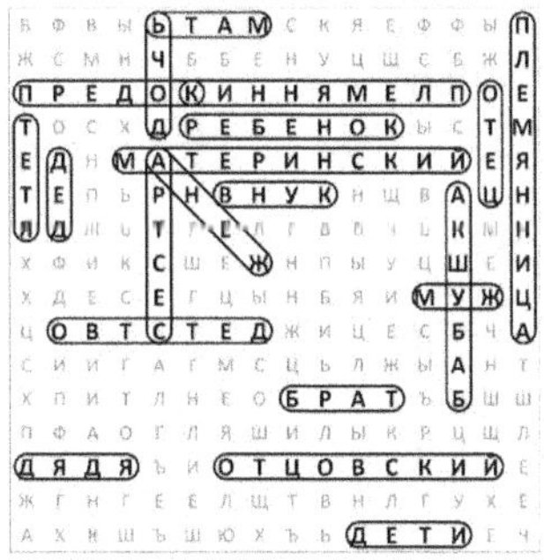

81 - Oiseaux

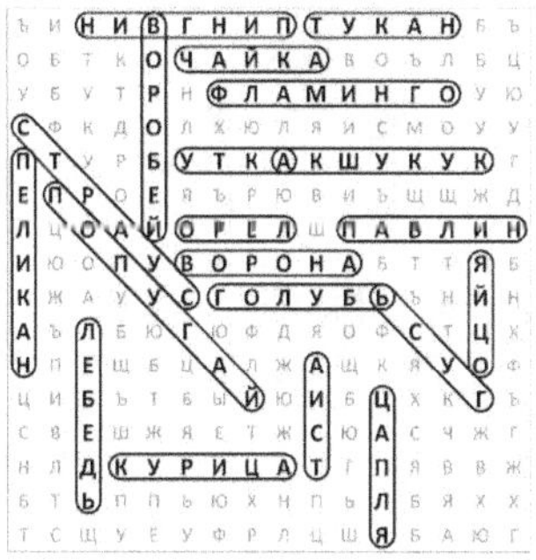

82 - Disciplines Scientifiques

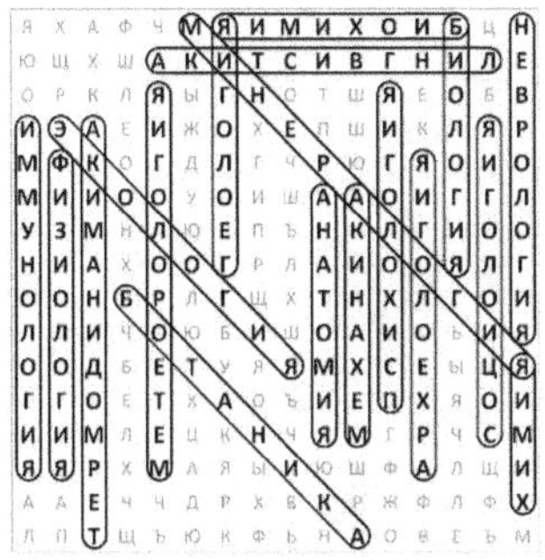

83 - Maladie

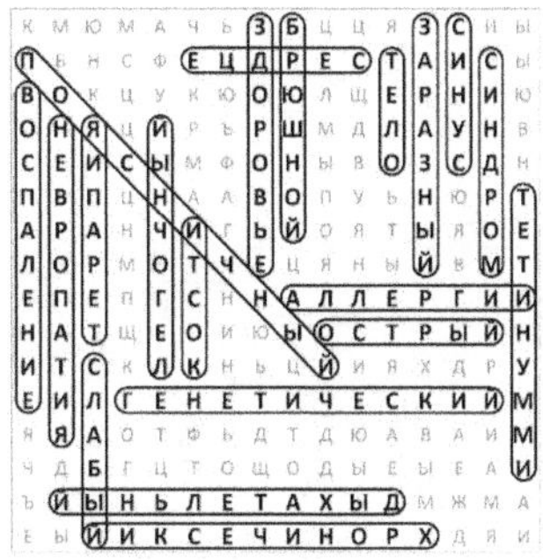

84 - Émotions

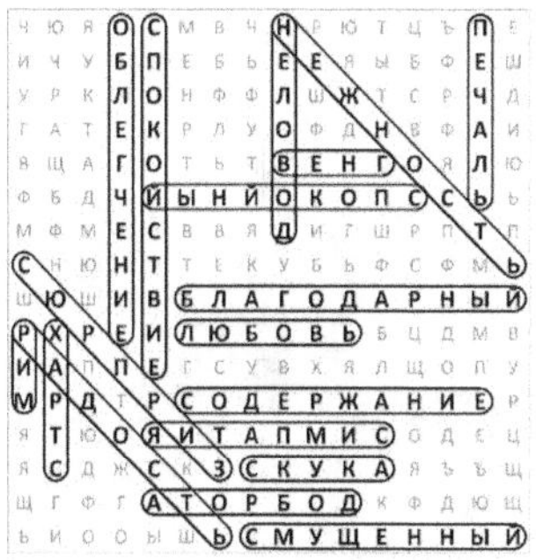

85 - Univers

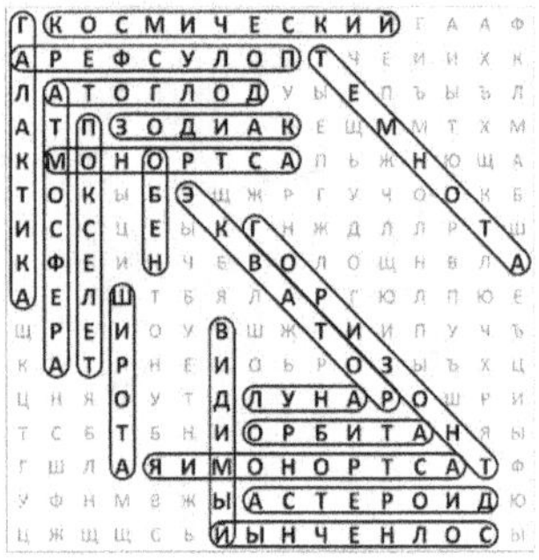

86 - Géographie

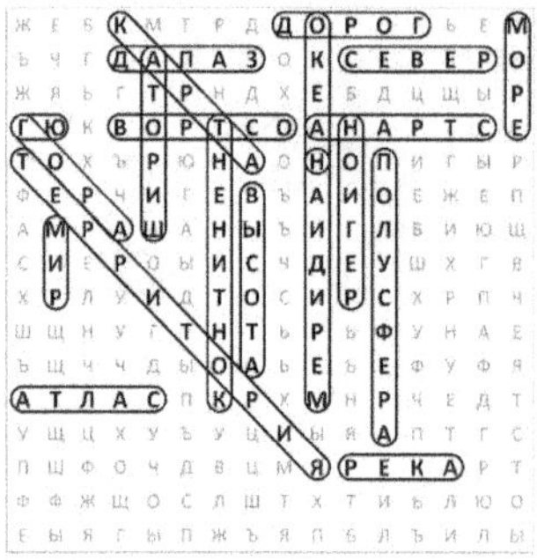

87 - Danse

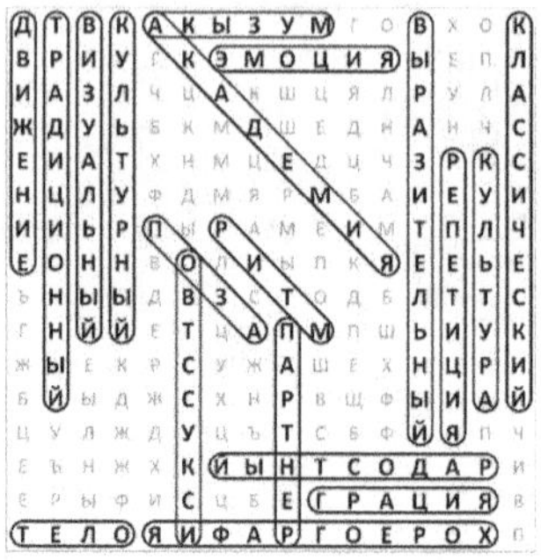

88 - Bâtiments

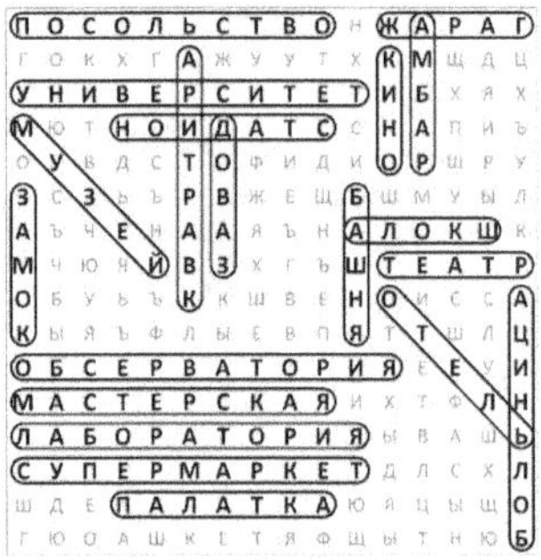

89 - Livres

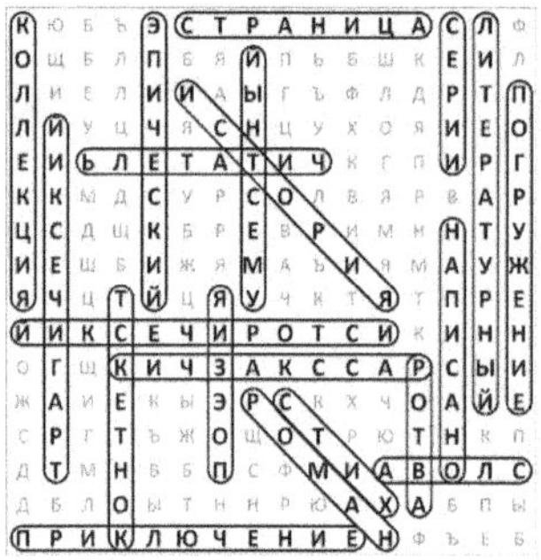

90 - Pays #2

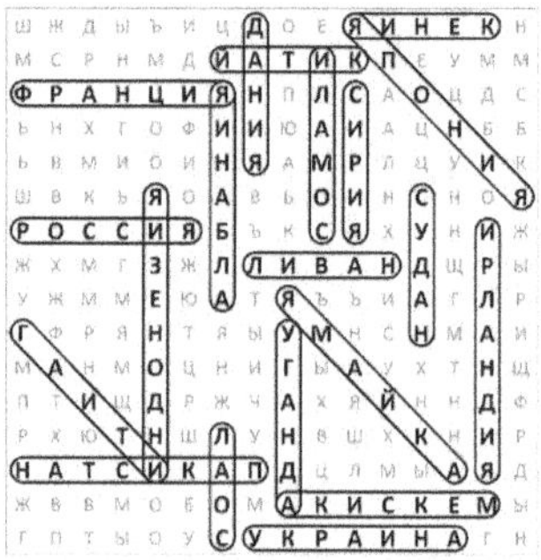

91 - Fournitures d'Art

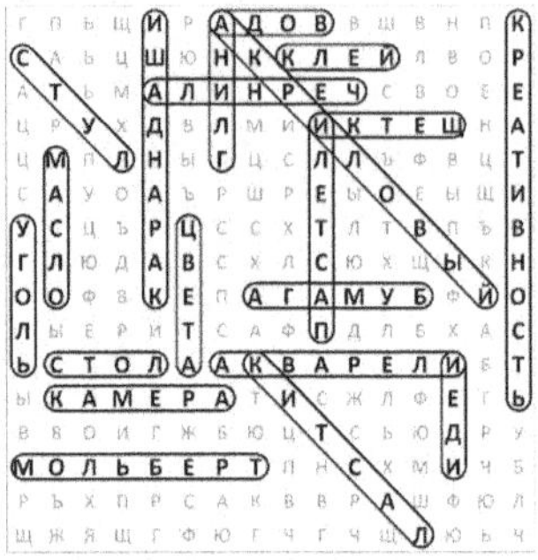

92 - Jazz

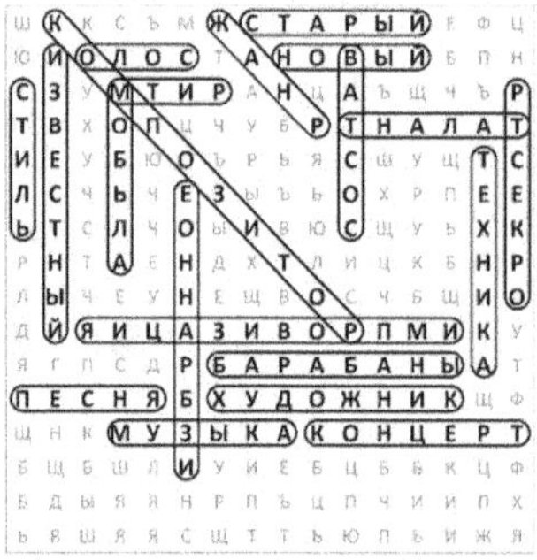

93 - Paysages

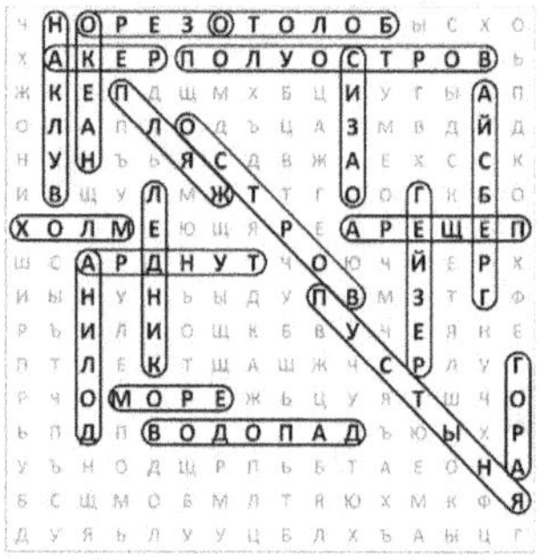

94 - Pays #1

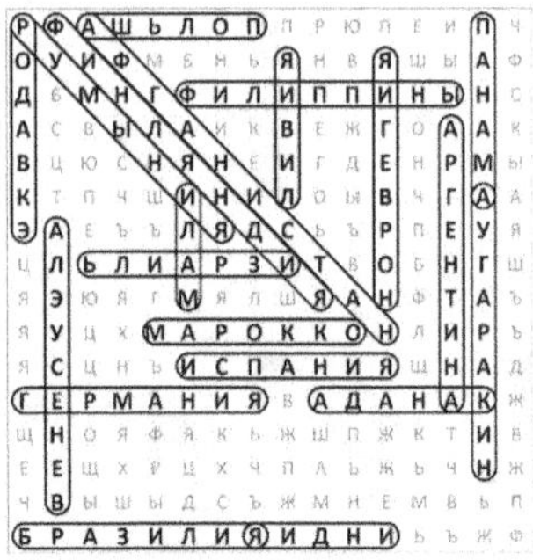

95 - Nombres

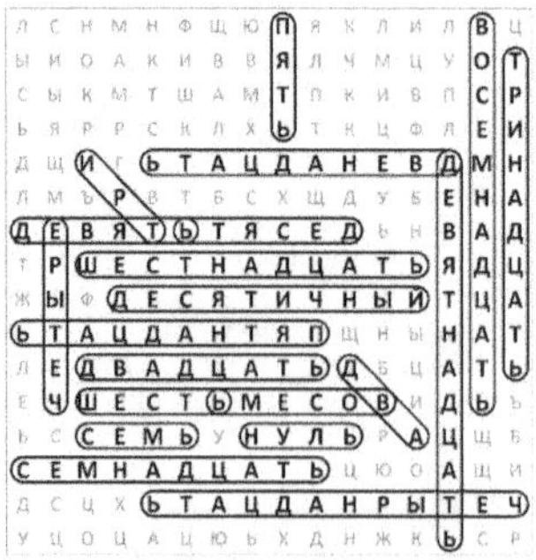

96 - Psychologie

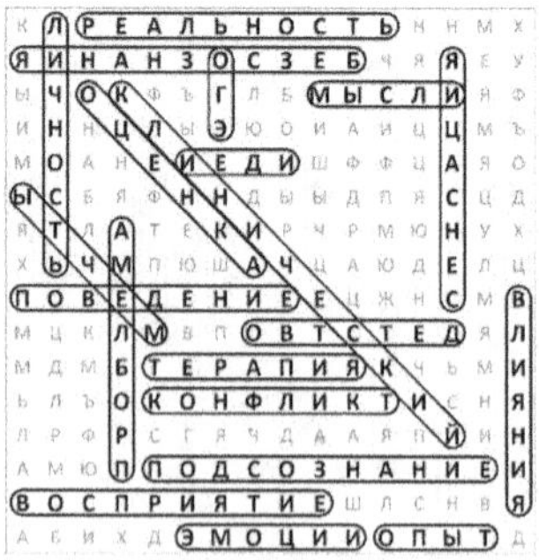

97 - Nature

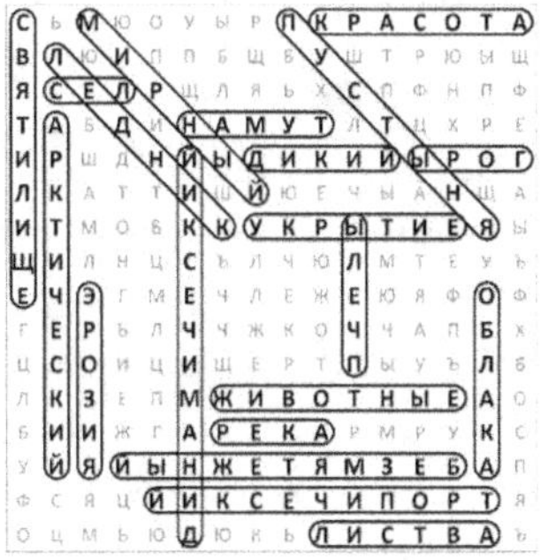

98 - Chimie

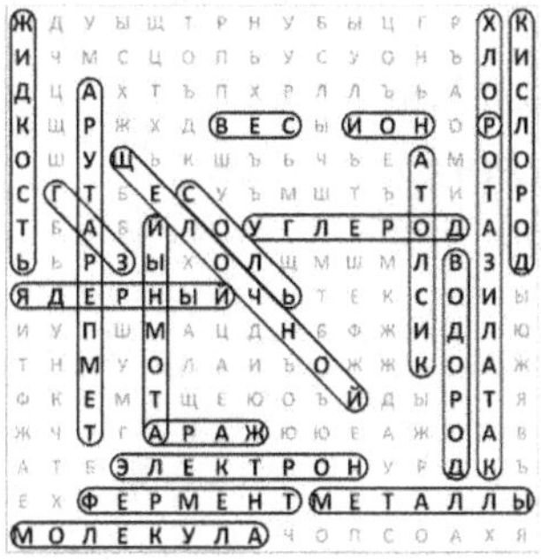

99 - Bateaux

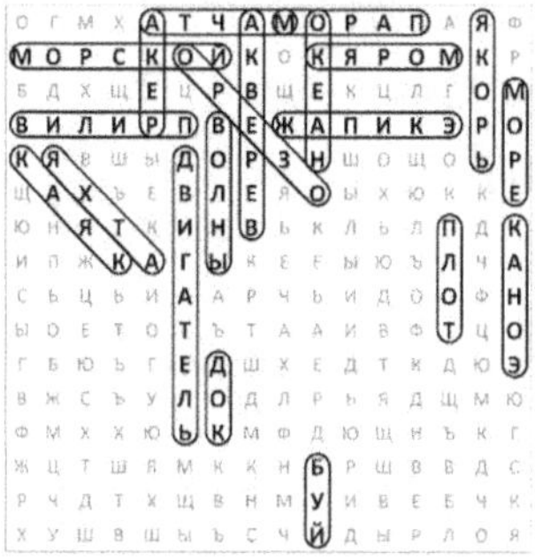

100 - Mesures

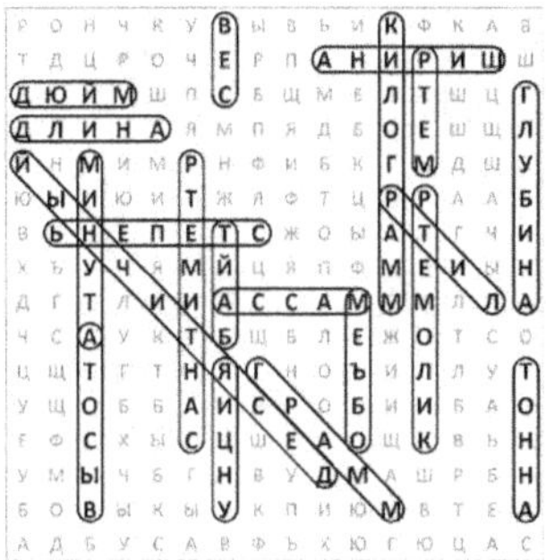

Dictionnaire

Activités
Виды Деятельности

Activité	Деятельность
Art	Искусство
Artisanat	Ремесла
Camping	Кемпинг
Céramique	Керамика
Chasse	Охота
Compétence	Навык
Couture	Шитье
Danse	Танцы
Intérêts	Интересы
Jardinage	Садоводство
Jeux	Игры
Lecture	Чтение
Loisir	Досуг
Magie	Магия
Pêche	Рыбная Ловля
Photographie	Фотография
Plaisir	Удовольствие
Randonnée	Пеший Туризм
Relaxation	Релаксация

Adjectifs #1
Прилагательные #1

Absolu	Абсолютный
Actif	Активный
Ambitieux	Амбициозный
Aromatique	Ароматический
Beau	Красивый
Exotique	Экзотический
Énorme	Огромный
Généreux	Щедрый
Grand	Большой
Honnête	Честный
Identique	Идентичный
Important	Важный
Innocent	Невинный
Jeune	Молодой
Lent	Медленный
Lourd	Тяжелый
Mince	Тонкий
Moderne	Современный
Parfait	Совершенный
Utile	Полезный

Adjectifs #2
Прилагательные #2

Authentique	Аутентичный
Célèbre	Известный
Créatif	Творческий
Descriptif	Описательный
Doué	Одаренный
Dramatique	Драматический
Élégant	Элегантный
Fier	Гордый
Fort	Сильный
Intéressant	Интересный
Naturel	Естественный
Nouveau	Новый
Productif	Продуктивный
Puissant	Мощный
Pur	Чистый
Responsable	Ответственный
Sain	Здоровый
Salé	Соленый
Sauvage	Дикий
Sec	Сухой

Agronomie
Агрономия

Croissance	Рост
Eau	Вода
Engrais	Удобрение
Écologie	Экология
Énergie	Энергия
Érosion	Эрозия
Étude	Изучать
Graines	Семена
Identification	Идентификация
Légumes	Овощи
Maladies	Болезни
Nourriture	Еда
Organique	Органический
Pollution	Загрязнение
Production	Производство
Recherche	Исследование
Rural	Сельский
Science	Наука
Sol	Почва
Systèmes	Системы

Algèbre
Алгебра

Diagramme	Диаграмма
Exposant	Экспонент
Équation	Уравнение
Facteur	Фактор
Faux	Ложный
Formule	Формула
Fraction	Фракция
Graphique	График
Infini	Бесконечный
Linéaire	Линейный
Matrice	Матрица
Nombre	Число
Parenthèse	Скобка
Problème	Проблема
Quantité	Количество
Simplifier	Упрощать
Solution	Решение
Soustraction	Вычитание
Variable	Переменная
Zéro	Нуль

Antarctique
Антарктида

Baie	Залив
Baleines	Киты
Chercheur	Исследователь
Conservation	Сохранение
Continent	Континент
Eau	Вода
Expédition	Экспедиция
Géographie	География
Glace	Лед
Glaciers	Ледники
Îles	Острова
Migration	Миграция
Minéraux	Минералы
Nuage	Облака
Oiseaux	Птицы
Péninsule	Полуостров
Rocheux	Скалистый
Scientifique	Научный
Température	Температура
Topographie	Топография

Antiquités
Антиквариат

Art	Искусство
Authentique	Аутентичный
Collectionneur	Коллектор
Condition	Состояние
Décennies	Десятилетия
Décoratif	Декоративный
Enchères	Аукцион
Élégant	Элегантный
Galerie	Галерея
Inhabituel	Необычный
Investissement	Инвестиции
Meubles	Мебель
Pièces	Монеты
Prix	Цена
Qualité	Качество
Sculpture	Скульптура
Siècle	Век
Style	Стиль
Valeur	Ценность
Vieux	Старый

Archéologie
Археология

Analyse	Анализ
Années	Годы
Antiquité	Древность
Chercheur	Исследователь
Civilisation	Цивилизация
Descendant	Потомок
Expert	Эксперт
Ère	Эра
Équipe	Команда
Évaluation	Оценка
Fossile	Ископаемое
Inconnu	Неизвестный
Mystère	Тайна
Objets	Объекты
Os	Кости
Oublié	Забытый
Professeur	Профессор
Relique	Реликвия
Temple	Храм
Tombe	Могила

Arts Visuels
Изобразительное Искусство

Architecture	Архитектура
Argile	Глина
Artiste	Художник
Céramique	Керамика
Charbon	Уголь
Chef-D'Œuvre	Шедевр
Chevalet	Мольберт
Cire	Воск
Composition	Состав
Craie	Мел
Crayon	Карандаш
Créativité	Креативность
Film	Фильм
Perspective	Перспектива
Photographie	Фотография
Pochoir	Трафарет
Portrait	Портрет
Sculpture	Скульптура
Stylo	Ручка
Vernis	Лак

Astronomie
Астрономия

Astéroïde	Астероид
Astronaute	Астронавт
Astronome	Астроном
Ciel	Небо
Constellation	Созвездие
Cosmos	Космос
Éclipse	Затмение
Équinoxe	Равноденствие
Fusée	Ракета
Galaxie	Галактика
Lune	Луна
Météore	Метеор
Nébuleuse	Туманность
Observatoire	Обсерватория
Planète	Планета
Radiation	Излучение
Solaire	Солнечный
Supernova	Сверхновая
Terre	Земля
Univers	Вселенная

Aventure
Приключение

Activité	Деятельность
Amis	Друзья
Beauté	Красота
Bravoure	Храбрость
Chance	Шанс
Dangereux	Опасный
Défis	Проблемы
Difficulté	Трудность
Enthousiasme	Энтузиазм
Excursion	Экскурсия
Inhabituel	Необычный
Itinéraire	Маршрут
Joie	Радость
Nature	Природа
Navigation	Навигация
Nouveau	Новый
Opportunité	Возможность
Préparation	Подготовка
Sécurité	Безопасность

Avions
Самолеты

Air	Воздух
Atmosphère	Атмосфера
Atterrissage	Посадка
Aventure	Приключение
Ballon	Воздушный Шар
Carburant	Топливо
Ciel	Небо
Construction	Строительство
Descente	Спуск
Design	Дизайн
Direction	Направление
Équipage	Экипаж
Gonfler	Надувать
Hauteur	Высота
Hélices	Пропеллеры
Histoire	История
Hydrogène	Водород
Moteur	Двигатель
Passager	Пассажир
Pilote	Пилот

Ballet
Балет

Applaudissement	Аплодисменты
Ballerine	Балерина
Chorégraphie	Хореография
Compétence	Навык
Compositeur	Композитор
Danseurs	Танцоры
Expressif	Выразительный
Geste	Жест
Intensité	Интенсивность
Leçons	Уроки
Muscles	Мышцы
Musique	Музыка
Orchestre	Оркестр
Pratique	Практика
Public	Аудитория
Répétition	Репетиция
Rythme	Ритм
Solo	Соло
Style	Стиль
Technique	Техника

Barbecues
Барбекю

Chaud	Горячий
Couteaux	Ножи
Déjeuner	Обед
Enfants	Дети
Été	Лето
Faim	Голод
Famille	Семья
Fourchettes	Вилки
Fruit	Фрукт
Gril	Гриль
Jeux	Игры
Légumes	Овощи
Musique	Музыка
Oignons	Лук
Poivre	Перец
Poulet	Курица
Salades	Салаты
Sauce	Соус
Sel	Соль
Tomates	Помидоры

Bateaux
Лодки

Ancre	Якорь
Bouée	Буй
Canoë	Каноэ
Corde	Веревка
Dock	Док
Équipage	Экипаж
Ferry	Паром
Fleuve	Река
Kayak	Каяк
Lac	Озеро
Marée	Прилив
Marin	Моряк
Mât	Мачта
Mer	Море
Moteur	Двигатель
Nautique	Морской
Océan	Океан
Radeau	Плот
Vagues	Волны
Yacht	Яхта

Bâtiments
Здания

Ambassade	Посольство
Appartement	Квартира
Atelier	Мастерская
Château	Замок
Cinéma	Кино
École	Школа
Garage	Гараж
Grange	Амбар
Hôpital	Больница
Hôtel	Отель
Laboratoire	Лаборатория
Musée	Музей
Observatoire	Обсерватория
Stade	Стадион
Supermarché	Супермаркет
Tente	Палатка
Théâtre	Театр
Tour	Башня
Université	Университет
Usine	Завод

Beauté
Красота

Boucles	Кудри
Charme	Очарование
Ciseaux	Ножницы
Cosmétique	Косметика
Couleur	Цвет
Élégance	Элегантность
Élégant	Элегантный
Grâce	Грация
Huiles	Масла
Lisse	Гладкий
Miroir	Зеркало
Parfum	Аромат
Peau	Кожа
Photogénique	Фотогеничный
Produits	Продукты
Rouge à Lèvres	Помада
Services	Услуги
Shampooing	Шампунь
Styliste	Стилист

Biologie
Биология

Anatomie	Анатомия
Bactéries	Бактерии
Cellule	Ячейка
Chromosome	Хромосома
Collagène	Коллаген
Embryon	Эмбрион
Enzyme	Фермент
Évolution	Эволюция
Hormone	Гормон
Mammifère	Млекопитающее
Mutation	Мутация
Naturel	Естественный
Nerf	Нерв
Neurone	Нейрон
Osmose	Осмос
Photosynthèse	Фотосинтез
Protéine	Белок
Reptile	Рептилия
Symbiose	Симбиоз
Synapse	Синапс

Boxe
Заниматься Боксом

Adversaire	Оппонент
Arbitre	Судья
Blessures	Травм
Cloche	Колокол
Coin	Угол
Combattant	Боец
Compétence	Навык
Concentrer	Фокус
Cordes	Веревки
Corps	Тело
Coude	Локоть
Coup	Пинать
Épuisé	Измученный
Force	Сила
Gants	Перчатки
Menton	Подбородок
Poing	Кулак
Points	Точки
Rapide	Быстрый

Café
Кофе

Amer	Горький
Arôme	Аромат
Boire	Пить
Boisson	Напиток
Caféine	Кофеин
Crème	Крем
Eau	Вода
Filtre	Фильтр
Lait	Молоко
Liquide	Жидкость
Matin	Утро
Moudre	Молоть
Noir	Черный
Origine	Происхождение
Prix	Цена
Rôti	Жареный
Saveur	Вкус
Sucre	Сахар
Tasse	Чашка
Variété	Разнообразие

Camping
Кемпинг

Animaux	Животные
Arbres	Деревья
Aventure	Приключение
Boussole	Компас
Canoë	Каноэ
Carte	Карта
Chapeau	Шляпа
Chasse	Охота
Corde	Веревка
Équipement	Оборудование
Feu	Огонь
Forêt	Лес
Hamac	Гамак
Insecte	Насекомое
Lac	Озеро
Lanterne	Фонарь
Lune	Луна
Montagne	Гора
Nature	Природа
Tente	Палатка

Chimie
Химия

Acide	Кислота
Alcalin	Щелочной
Atomique	Атомный
Carbone	Углерод
Catalyseur	Катализатор
Chaleur	Жара
Chlore	Хлор
Enzyme	Фермент
Électron	Электрон
Gaz	Газ
Hydrogène	Водород
Ion	Ион
Liquide	Жидкость
Métaux	Металлы
Molécule	Молекула
Nucléaire	Ядерный
Oxygène	Кислород
Poids	Вес
Sel	Соль
Température	Температура

Chocolat
Шоколад

Amer	Горький
Antioxydant	Антиоксидант
Arôme	Аромат
Bonbon	Конфеты
Cacahuètes	Арахис
Cacao	Какао
Calories	Калории
Caramel	Карамель
Délicieux	Вкусный
Doux	Сладкий
Exotique	Экзотический
Favori	Любимый
Goût	Вкус
Ingrédient	Ингредиент
Noix de Coco	Кокос
Poudre	Порошок
Qualité	Качество
Recette	Рецепт
Sucre	Сахар

Conduite
Вождение

Accident	Авария
Camion	Грузовик
Carburant	Топливо
Carte	Карта
Danger	Опасность
Freins	Тормоза
Garage	Гараж
Gaz	Газ
Licence	Лицензия
Moteur	Мотор
Moto	Мотоцикл
Piéton	Пешеход
Police	Полиция
Route	Дорога
Sécurité	Безопасность
Trafic	Движение
Transport	Транспорт
Tunnel	Туннель
Vitesse	Скорость
Voiture	Автомобиль

Corps Humain
Тело Человека

Bouche	Рот
Cerveau	Мозг
Cheville	Лодыжка
Cou	Шея
Coude	Локоть
Cœur	Сердце
Doigt	Палец
Estomac	Желудок
Épaule	Плечо
Genou	Колено
Lèvres	Губы
Main	Рука
Mâchoire	Челюсть
Menton	Подбородок
Nez	Нос
Oreille	Ухо
Peau	Кожа
Sang	Кровь
Tête	Голова
Visage	Лицо

Cuisine
Кухня

Bol	Чаша
Bouilloire	Чайник
Congélateur	Морозилка
Couteaux	Ножи
Cruche	Кувшин
Cuillères	Ложки
Épices	Специи
Éponge	Губка
Four	Печь
Fourchettes	Вилки
Gril	Гриль
Louche	Ковш
Nourriture	Еда
Pot	Банка
Recette	Рецепт
Réfrigérateur	Холодильник
Serviette	Салфетка
Tablier	Фартук
Tasses	Чашки

Danse
Танец

Académie	Академия
Art	Искусство
Chorégraphie	Хореография
Classique	Классический
Corps	Тело
Culture	Культура
Culturel	Культурный
Expressif	Выразительный
Émotion	Эмоция
Grâce	Грация
Joyeux	Радостный
Mouvement	Движение
Musique	Музыка
Partenaire	Партнер
Posture	Поза
Répétition	Репетиция
Rythme	Ритм
Traditionnel	Традиционный
Visuel	Визуальный

Diplomatie
Дипломатия

Allié	Союзник
Ambassade	Посольство
Ambassadeur	Посол
Campagnes	Кампании
Citoyens	Граждане
Civique	Гражданский
Communauté	Сообщество
Conflit	Конфликт
Conseiller	Советник
Discussion	Обсуждение
Éthique	Этика
Étranger	Иностранный
Gouvernement	Правительство
Humanitaire	Гуманитарный
Intégrité	Целостность
Politique	Политика
Résolution	Резолюция
Sécurité	Безопасность
Solution	Решение
Traité	Договор

Disciplines Scientifiques
Научные Дисциплины

Anatomie	Анатомия
Archéologie	Археология
Astronomie	Астрономия
Biochimie	Биохимия
Biologie	Биология
Botanique	Ботаника
Chimie	Химия
Écologie	Экология
Géologie	Геология
Immunologie	Иммунология
Linguistique	Лингвистика
Mécanique	Механика
Météorologie	Метеорология
Minéralogie	Минералогия
Neurologie	Неврология
Physiologie	Физиология
Psychologie	Психология
Sociologie	Социология
Thermodynamique	Термодинамика
Zoologie	Зоология

Entreprise
Бизнес

Argent	Деньги
Boutique	Магазин
Budget	Бюджет
Bureau	Офис
Carrière	Карьера
Coût	Стоимость
Devise	Валюта
Employeur	Работодатель
Employé	Работник
Entreprise	Компания
Économie	Экономика
Finance	Финансы
Impôts	Налоги
Investissement	Инвестиции
Marchandise	Товар
Profit	Прибыль
Revenu	Доход
Transaction	Сделка
Usine	Завод
Vente	Продажа

Échecs
Шахматы

Adversaire	Оппонент
Blanc	Белый
Champion	Чемпион
Concours	Конкурс
Défis	Проблемы
Diagonal	Диагональ
Intelligent	Умный
Jeu	Игра
Joueur	Игрок
Noir	Черный
Passif	Пассивный
Points	Точки
Reine	Королева
Règles	Правила
Roi	Король
Sacrifice	Жертва
Stratégie	Стратегия
Temps	Время
Tournoi	Турнир

Électricité
Электричество

Aimant	Магнит
Ampoule	Лампочка
Batterie	Батарея
Câble	Кабель
Électricien	Электрик
Électrique	Электрический
Équipement	Оборудование
Fils	Провода
Générateur	Генератор
Lampe	Лампа
Laser	Лазер
Négatif	Отрицательный
Objets	Объекты
Positif	Положительный
Prise	Разъем
Quantité	Количество
Réseau	Сеть
Téléphone	Телефон
Télévision	Телевидение

Émotions
Эмоции

Amour	Любовь
Calme	Спокойный
Colère	Гнев
Contenu	Содержание
Détendu	Расслабленный
Embarrassé	Смущенный
Ennui	Скука
Gentillesse	Доброта
Joie	Радость
Paix	Мир
Peur	Страх
Reconnaissant	Благодарный
Relief	Облегчение
Satisfait	Доволен
Surprise	Сюрприз
Sympathie	Симпатия
Tendresse	Нежность
Tranquillité	Спокойствие
Tristesse	Печаль

Épices
Специи

Aigre	Кислый
Ail	Чеснок
Amer	Горький
Anis	Анис
Cannelle	Корица
Cardamome	Кардамон
Coriandre	Кориандр
Cumin	Тмин
Curry	Карри
Fenouil	Фенхель
Fenugrec	Пажитник
Gingembre	Имбирь
Oignon	Лук
Paprika	Паприка
Poivre	Перец
Réglisse	Солодка
Safran	Шафран
Saveur	Вкус
Sel	Соль
Vanille	Ваниль

Famille
Семья

Ancêtre	Предок
Enfance	Детство
Enfant	Ребенок
Enfants	Дети
Femme	Жена
Fille	Дочь
Frère	Брат
Grand-Mère	Бабушка
Grand-Père	Дед
Mari	Муж
Maternel	Материнский
Mère	Мать
Neveu	Племянник
Nièce	Племянница
Oncle	Дядя
Paternel	Отцовский
Petit-Fils	Внук
Père	Отец
Soeur	Сестра
Tante	Тетя

Ferme #1
Ферма #1

Abeille	Пчела
Âne	Осел
Bison	Зубр
Champ	Поле
Chat	Кошка
Cheval	Лошадь
Chèvre	Коза
Chien	Собака
Cloture	Забор
Cochon	Свинья
Corbeau	Ворона
Eau	Вода
Engrais	Удобрение
Foin	Сено
Miel	Мед
Poulet	Курица
Riz	Рис
Troupeau	Стадо
Vache	Корова
Veau	Телец

Ferme #2
Ферма #2

Agneau	Ягненок
Agriculteur	Фермер
Animaux	Животные
Berger	Пасти
Blé	Пшеница
Canard	Утка
Fruit	Фрукт
Grange	Амбар
Irrigation	Орошение
Lait	Молоко
Lama	Лама
Légume	Овощ
Maïs	Кукуруза
Mouton	Овца
Nourriture	Еда
Orge	Ячмень
Pré	Луг
Ruche	Улей
Tracteur	Трактор
Verger	Сад

Fleurs
Цветы

Bouquet	Букет
Gardénia	Гардения
Hibiscus	Гибискус
Jasmin	Жасмин
Lavande	Лаванда
Lilas	Сирень
Lys	Лилия
Magnolia	Магнолия
Marguerite	Маргаритка
Orchidée	Орхидея
Pavot	Мак
Pétale	Лепесток
Pissenlit	Одуванчик
Pivoine	Пион
Plumeria	Плюмерия
Rose	Роза
Tournesol	Подсолнух
Trèfle	Клевер
Tulipe	Тюльпан

Force et Gravité
Сила и Гравитация

Axe	Ось
Centre	Центр
Découverte	Открытие
Distance	Расстояние
Dynamique	Динамический
Expansion	Расширение
Friction	Трение
Impact	Влияние
Magnétisme	Магнетизм
Mécanique	Механика
Mouvement	Движение
Orbite	Орбита
Physique	Физика
Planètes	Планеты
Poids	Вес
Pression	Давление
Propriétés	Свойства
Temps	Время
Universel	Универсальный
Vitesse	Скорость

Formes
Формы

Arc	Дуга
Bords	Края
Carré	Площадь
Cercle	Круг
Coin	Угол
Courbe	Изгиб
Cône	Конус
Côté	Сторона
Cube	Куб
Cylindre	Цилиндр
Ellipse	Эллипс
Hyperbole	Гипербола
Ligne	Линия
Ovale	Овальный
Polygone	Полигон
Prisme	Призма
Pyramide	Пирамида
Rectangle	Прямоугольник
Sphère	Сфера
Triangle	Треугольник

Fournitures d'Art
Художественные Принадлежности

Acrylique	Акриловый
Aquarelles	Акварели
Argile	Глина
Brosses	Щетки
Caméra	Камера
Chaise	Стул
Charbon	Уголь
Chevalet	Мольберт
Colle	Клей
Couleurs	Цвета
Crayons	Карандаши
Créativité	Креативность
Eau	Вода
Encre	Чернила
Gomme	Ластик
Huile	Масло
Idées	Идеи
Papier	Бумага
Pastels	Пастели
Table	Стол

Fruit
Фрукты

Abricot	Абрикос
Ananas	Ананас
Avocat	Авокадо
Baie	Ягода
Banane	Банан
Cerise	Вишня
Citron	Лимон
Figue	Инжир
Framboise	Малина
Goyave	Гуава
Kiwi	Киви
Mangue	Манго
Melon	Дыня
Nectarine	Нектарин
Orange	Оранжевый
Papaye	Папайя
Pêche	Персик
Poire	Груша
Pomme	Яблоко
Raisin	Виноград

Géographie
География

Altitude	Высота
Atlas	Атлас
Carte	Карта
Continent	Континент
Fleuve	Река
Hémisphère	Полусфера
Île	Остров
Latitude	Широта
Mer	Море
Méridien	Меридиан
Monde	Мир
Montagne	Гора
Nord	Север
Océan	Океан
Ouest	Запад
Pays	Страна
Région	Регион
Sud	Юг
Territoire	Территория
Ville	Город

Géologie
Геология

Acide	Кислота
Calcium	Кальций
Caverne	Пещера
Continent	Континент
Corail	Коралл
Couche	Слой
Cristaux	Кристаллы
Érosion	Эрозия
Fondu	Расплавленный
Fossile	Ископаемое
Geyser	Гейзер
Lave	Лава
Minéraux	Минералы
Pierre	Камень
Plateau	Плато
Quartz	Кварц
Sel	Соль
Stalactite	Сталактит
Volcan	Вулкан
Zone	Зона

Géométrie
Геометрия

Angle	Угол
Calcul	Расчет
Cercle	Круг
Courbe	Изгиб
Diamètre	Диаметр
Dimension	Измерение
Équation	Уравнение
Hauteur	Высота
Logique	Логика
Masse	Масса
Médian	Медиана
Nombre	Число
Parallèle	Параллель
Proportion	Пропорция
Segment	Сегмент
Surface	Поверхность
Symétrie	Симметрия
Théorie	Теория
Triangle	Треугольник
Vertical	Вертикальный

Gouvernement
Правительство

Citoyenneté	Гражданство
Civil	Гражданский
Constitution	Конституция
Démocratie	Демократия
Discours	Речь
Discussion	Обсуждение
District	Район
Droits	Права
Égalité	Равенство
État	Государство
Indépendance	Независимость
Judiciaire	Судебный
Liberté	Свобода
Loi	Закон
Monument	Памятник
Nation	Нация
National	Национальный
Paisible	Мирный
Politique	Политика
Symbole	Символ

Herboristerie
Тимбализм

Ail	Чеснок
Aromatique	Ароматический
Basilic	Базилик
Bénéfique	Выгодный
Culinaire	Кулинарный
Estragon	Эстрагон
Fenouil	Фенхель
Fleur	Цветок
Ingrédient	Ингредиент
Jardin	Сад
Lavande	Лаванда
Marjolaine	Майоран
Menthe	Мята
Persil	Петрушка
Qualité	Качество
Romarin	Розмарин
Safran	Шафран
Saveur	Вкус
Thym	Тимьян
Vert	Зеленый

Immigration
Иммиграция

Administration	Администрация
Adultes	Взрослые
Aide	Помощь
Approbation	Утверждение
Communication	Коммуникация
Date Limite	Крайний Срок
Documents	Документы
Enfants	Дети
Frontières	Границы
Langue	Язык
Logement	Жилье
Loi	Закон
Négociation	Переговоры
Officier	Офицер
Processus	Процесс
Protection	Защита
Situation	Ситуация
Solution	Решение
Stress	Стресс

Ingénierie
Инженерия

Angle	Угол
Axe	Ось
Calcul	Расчет
Construction	Строительство
Diagramme	Диаграмма
Diamètre	Диаметр
Diesel	Дизель
Distribution	Распределение
Engrenages	Шестерни
Énergie	Энергия
Force	Сила
Leviers	Рычаги
Liquide	Жидкость
Machine	Машина
Mesure	Измерение
Moteur	Мотор
Profondeur	Глубина
Rotation	Вращение
Stabilité	Стабильность
Structure	Структура

Insectes
Насекомые

Abeille	Пчела
Cafard	Таракан
Cigale	Цикада
Coccinelle	Божья Коровка
Criquet	Саранча
Fourmi	Муравей
Frelon	Шершень
Guêpe	Оса
Larve	Личинка
Libellule	Стрекоза
Mante	Богомол
Moustique	Комар
Papillon	Бабочка
Puce	Блоха
Puceron	Тля
Sauterelle	Кузнечик
Scarabée	Жук
Termite	Термит
Ver	Червь

Instruments de Musique
Музыкальные Инструменты

Banjo	Банджо
Basson	Фагот
Clarinette	Кларнет
Flûte	Флейта
Gong	Гонг
Guitare	Гитара
Harmonica	Гармоника
Harpe	Арфа
Hautbois	Гобой
Mandoline	Мандолина
Marimba	Маримба
Percussion	Перкуссия
Piano	Пианино
Saxophone	Саксофон
Tambour	Барабан
Tambourin	Бубен
Trombone	Тромбон
Trompette	Труба
Violon	Скрипка
Violoncelle	Виолончель

Jardin
Сад

Arbre	Дерево
Banc	Скамья
Buisson	Куст
Clôture	Забор
Étang	Пруд
Fleur	Цветок
Garage	Гараж
Hamac	Гамак
Herbe	Трава
Jardin	Сад
Mauvaises Herbes	Сорняки
Pelle	Лопата
Pelouse	Лужайка
Porche	Крыльцо
Râteau	Грабли
Sol	Почва
Terrasse	Терраса
Trampoline	Батут
Tuyau	Шланг

Jardinage
Садоводство

Botanique	Ботанический
Bouquet	Букет
Climat	Климат
Comestible	Съедобный
Compost	Компост
Eau	Вода
Espèce	Вид
Exotique	Экзотический
Feuillage	Листва
Feuille	Лист
Fleur	Цветение
Floral	Цветочный
Graines	Семена
Humidité	Влага
Récipient	Контейнер
Saisonnier	Сезонный
Saleté	Грязь
Sol	Почва
Tuyau	Шланг
Verger	Сад

Jazz
Джаз

Album	Альбом
Artiste	Художник
Célèbre	Известный
Chanson	Песня
Compositeur	Композитор
Composition	Состав
Concert	Концерт
Favoris	Избранное
Genre	Жанр
Improvisation	Импровизация
Musique	Музыка
Nouveau	Новый
Orchestre	Оркестр
Rythme	Ритм
Solo	Соло
Style	Стиль
Talent	Талант
Tambours	Барабаны
Technique	Техника
Vieux	Старый

Jours et Mois
Дни и Месяцы

Août	Август
Avril	Апрель
Calendrier	Календарь
Dimanche	Воскресенье
Février	Февраль
Janvier	Январь
Jeudi	Четверг
Juillet	Июль
Juin	Июнь
Lundi	Понедельник
Mardi	Вторник
Mars	Март
Mercredi	Среда
Mois	Месяц
Novembre	Ноябрь
Octobre	Октябрь
Samedi	Суббота
Semaine	Неделя
Septembre	Сентябрь
Vendredi	Пятница

Les Abeilles
Пчелы

Ailes	Крылья
Bénéfique	Выгодный
Cire	Воск
Diversité	Разнообразие
Essaim	Рой
Écosystème	Экосистема
Fleur	Цветение
Fleurs	Цветы
Fruit	Фрукт
Fumée	Дым
Insecte	Насекомое
Jardin	Сад
Miel	Мед
Nourriture	Еда
Plantes	Растения
Pollen	Пыльца
Pollinisateur	Опылитель
Reine	Королева
Ruche	Улей
Soleil	Солнце

Légumes
Овощи

Ail	Чеснок
Artichaut	Артишок
Aubergine	Баклажан
Brocoli	Брокколи
Carotte	Морковь
Céleri	Сельдерей
Champignon	Гриб
Citrouille	Тыква
Concombre	Огурец
Échalote	Шалот
Épinard	Шпинат
Gingembre	Имбирь
Navet	Репа
Oignon	Лук
Olive	Оливка
Persil	Петрушка
Pois	Горох
Radis	Редис
Salade	Салат
Tomate	Помидор

Littérature
Литература

Analogie	Аналогия
Analyse	Анализ
Anecdote	Анекдот
Auteur	Автор
Biographie	Биография
Comparaison	Сравнение
Conclusion	Заключение
Description	Описание
Dialogue	Диалог
Métaphore	Метафора
Narrateur	Рассказчик
Opinion	Мнение
Poème	Стих
Poétique	Поэтика
Rime	Рифма
Roman	Роман
Rythme	Ритм
Style	Стиль
Thème	Тема
Tragédie	Трагедия

Livres
Книги

Auteur	Автор
Aventure	Приключение
Collection	Коллекция
Contexte	Контекст
Écrit	Написано
Épique	Эпический
Histoire	История
Historique	Исторический
Immersion	Погружение
Lecteur	Читатель
Littéraire	Литературный
Mots	Слова
Narrateur	Рассказчик
Page	Страница
Pertinent	Уместный
Poème	Стих
Poésie	Поэзия
Roman	Роман
Série	Серии
Tragique	Трагический

Maison
Дом

Balai	Метла
Bibliothèque	Библиотека
Chambre	Комната
Cheminée	Камин
Clés	Ключи
Clôture	Забор
Cuisine	Кухня
Douche	Душ
Fenêtre	Окно
Garage	Гараж
Grenier	Чердак
Jardin	Сад
Lampe	Лампа
Miroir	Зеркало
Mur	Стена
Plafond	Потолок
Porte	Дверь
Rideaux	Шторы
Tapis	Коврик
Toit	Крыша

Maladie
Заболевание

Abdominal	Брюшной
Aigu	Острый
Allergies	Аллергии
Chronique	Хронический
Contagieux	Заразный
Corps	Тело
Cœur	Сердце
Faible	Слабый
Génétique	Генетический
Immunité	Иммунитет
Inflammation	Воспаление
Lombaire	Поясничный
Neuropathie	Невропатия
Os	Кости
Pulmonaire	Легочный
Respiratoire	Дыхательный
Santé	Здоровье
Sinus	Синус
Syndrome	Синдром
Thérapie	Терапия

Mammifères
Млекопитающие

Baleine	Кит
Chat	Кошка
Cheval	Лошадь
Chien	Собака
Coyote	Койот
Dauphin	Дельфин
Éléphant	Слон
Girafe	Жираф
Gorille	Горилла
Kangourou	Кенгуру
Lapin	Кролик
Lion	Лев
Loup	Волк
Mouton	Овца
Ours	Медведь
Renard	Лиса
Singe	Обезьяна
Taureau	Бык
Tigre	Тигр
Zèbre	Зебра

Mathématiques
Математика

Angles	Углы
Arithmétique	Арифметика
Carré	Площадь
Décimal	Десятичный
Diamètre	Диаметр
Exposant	Экспонент
Équation	Уравнение
Fraction	Фракция
Géométrie	Геометрия
Parallèle	Параллель
Perpendiculaire	Перпендикуляр
Périmètre	Периметр
Polygone	Полигон
Rayon	Радиус
Rectangle	Прямоугольник
Somme	Сумма
Sphère	Сфера
Symétrie	Симметрия
Triangle	Треугольник
Volume	Объем

Mesures
Измерения

Centimètre	Сантиметр
Degré	Степень
Décimal	Десятичный
Gramme	Грамм
Hauteur	Высота
Kilogramme	Килограмм
Kilomètre	Километр
Largeur	Ширина
Litre	Литр
Longueur	Длина
Masse	Масса
Mètre	Метр
Minute	Минута
Octet	Байт
Once	Унция
Poids	Вес
Pouce	Дюйм
Profondeur	Глубина
Tonne	Тонна
Volume	Объем

Méditation
Медитация

Acceptation	Принятие
Attention	Внимание
Calme	Спокойный
Clarté	Ясность
Compassion	Сострадание
Émotions	Эмоции
Éveillé	Бодрствующий
Gentillesse	Доброта
Gratitude	Благодарность
Habitudes	Привычки
Mental	Умственный
Mouvement	Движение
Musique	Музыка
Nature	Природа
Observation	Наблюдение
Paix	Мир
Perspective	Перспектива
Posture	Поза
Respiration	Дыхание
Silence	Тишина

Météo
Погода

Arc-En-Ciel	Радуга
Atmosphère	Атмосфера
Brise	Бриз
Brouillard	Туман
Calme	Спокойный
Ciel	Небо
Climat	Климат
Glace	Лед
Mousson	Муссон
Nuage	Облако
Ouragan	Ураган
Polaire	Полярный
Sec	Сухой
Sécheresse	Засуха
Température	Температура
Tempête	Буря
Tonnerre	Гром
Tornade	Торнадо
Tropical	Тропический
Vent	Ветер

Mode
Мода

Abordable	Доступный
Boutique	Бутик
Boutons	Кнопки
Broderie	Вышивка
Cher	Дорогой
Confortable	Удобный
Dentelle	Кружево
Élégant	Элегантный
Minimaliste	Минималист
Moderne	Современный
Modeste	Скромный
Modèle	Шаблон
Original	Оригинал
Pratique	Практический
Simple	Простой
Style	Стиль
Tendance	Тенденция
Texture	Текстура
Tissu	Ткань
Vêtements	Одежда

Musique
Музыка

Album	Альбом
Ballade	Баллада
Chanter	Петь
Chanteur	Певец
Classique	Классический
Enregistrement	Запись
Harmonie	Гармония
Harmonique	Гармонический
Instrument	Инструмент
Lyrique	Лирический
Mélodie	Мелодия
Microphone	Микрофон
Musical	Музыкальный
Musicien	Музыкант
Opéra	Опера
Poétique	Поэтика
Rythme	Ритм
Rythmique	Ритмичный
Tempo	Темп
Vocal	Вокал

Mythologie
Мифология

Archétype	Архетип
Catastrophe	Катастрофа
Comportement	Поведение
Création	Создание
Créature	Существо
Croyances	Убеждения
Culture	Культура
Éclair	Молния
Force	Сила
Guerrier	Воин
Héros	Герой
Immortalité	Бессмертие
Jalousie	Ревность
Labyrinthe	Лабиринт
Légende	Легенда
Magique	Волшебный
Monstre	Монстр
Mortel	Смертный
Tonnerre	Гром
Vengeance	Месть

Nature
Природа

Abeilles	Пчелы
Abri	Укрытие
Animaux	Животные
Arctique	Арктический
Beauté	Красота
Brouillard	Туман
Désert	Пустыня
Dynamique	Динамический
Érosion	Эрозия
Feuillage	Листва
Fleuve	Река
Forêt	Лес
Glacier	Ледник
Montagnes	Горы
Nuage	Облака
Paisible	Мирный
Sanctuaire	Святилище
Sauvage	Дикий
Serein	Безмятежный
Tropical	Тропический

Nombres
Цифры

Cinq	Пять
Deux	Два
Décimal	Десятичный
Dix	Десять
Dix-Huit	Восемнадцать
Dix-Neuf	Девятнадцать
Dix-Sept	Семнадцать
Douze	Двенадцать
Huit	Восемь
Neuf	Девять
Quatorze	Четырнадцать
Quatre	Четыре
Quinze	Пятнадцать
Seize	Шестнадцать
Sept	Семь
Six	Шесть
Treize	Тринадцать
Trois	Три
Vingt	Двадцать
Zéro	Нуль

Nourriture #1
Еда #1

Ail	Чеснок
Basilic	Базилик
Café	Кофе
Cannelle	Корица
Carotte	Морковь
Citron	Лимон
Épinard	Шпинат
Fraise	Клубника
Jus	Сок
Lait	Молоко
Navet	Репа
Oignon	Лук
Orge	Ячмень
Poire	Груша
Salade	Салат
Sel	Соль
Soupe	Суп
Sucre	Сахар
Thon	Тунец
Viande	Мясо

Nourriture #2
Еда #2

Amande	Миндаль
Aubergine	Баклажан
Banane	Банан
Blé	Пшеница
Brocoli	Брокколи
Cerise	Вишня
Céleri	Сельдерей
Champignon	Гриб
Chocolat	Шоколад
Jambon	Ветчина
Kiwi	Киви
Mangue	Манго
Oeuf	Яйцо
Pain	Хлеб
Poisson	Рыба
Pomme	Яблоко
Poulet	Курица
Raisin	Виноград
Riz	Рис
Tomate	Помидор

Nutrition
Питание

Amer	Горький
Appétit	Аппетит
Calories	Калории
Comestible	Съедобный
Diète	Диета
Digestion	Пищеварение
Épices	Специи
Fermentation	Ферментация
Glucides	Углеводы
Ingrédients	Ингредиенты
Liquides	Жидкости
Poids	Вес
Protéines	Белки
Qualité	Качество
Sain	Здоровый
Santé	Здоровье
Sauce	Соус
Saveur	Вкус
Toxine	Токсин
Vitamine	Витамин

Océan
Океан

Anguille	Угорь
Baleine	Кит
Bateau	Лодка
Corail	Коралл
Crabe	Краб
Crevette	Креветка
Dauphin	Дельфин
Éponge	Губка
Huître	Устрица
Marées	Приливы
Méduse	Медуза
Poisson	Рыба
Poulpe	Осьминог
Requin	Акула
Récif	Риф
Sel	Соль
Tempête	Буря
Thon	Тунец
Tortue	Черепаха
Vagues	Волны

Oiseaux
Птицы

Aigle	Орел
Autruche	Страус
Canard	Утка
Cigogne	Аист
Colombe	Голубь
Corbeau	Ворона
Coucou	Кукушка
Cygne	Лебедь
Flamant	Фламинго
Héron	Цапля
Manchot	Пингвин
Moineau	Воробей
Mouette	Чайка
Oeuf	Яйцо
Oie	Гусь
Paon	Павлин
Perroquet	Попугай
Pélican	Пеликан
Poulet	Курица
Toucan	Тукан

Pays #1
Страны #1

Afghanistan	Афганистан
Allemagne	Германия
Argentine	Аргентина
Brésil	Бразилия
Canada	Канада
Espagne	Испания
Équateur	Эквадор
Finlande	Финляндия
Inde	Индия
Israël	Израиль
Libye	Ливия
Mali	Мали
Maroc	Марокко
Nicaragua	Никарагуа
Norvège	Норвегия
Panama	Панама
Philippines	Филиппины
Pologne	Польша
Roumanie	Румыния
Venezuela	Венесуэла

Pays #2
Страны #2

Albanie	Албания
Chine	Китай
Danemark	Дания
France	Франция
Haïti	Гаити
Indonésie	Индонезия
Irlande	Ирландия
Jamaïque	Ямайка
Japon	Япония
Kenya	Кения
Laos	Лаос
Liban	Ливан
Mexique	Мексика
Ouganda	Уганда
Pakistan	Пакистан
Russie	Россия
Somalie	Сомали
Soudan	Судан
Syrie	Сирия
Ukraine	Украина

Paysages
Пейзажи

Cascade	Водопад
Colline	Холм
Désert	Пустыня
Fleuve	Река
Geyser	Гейзер
Glacier	Ледник
Grotte	Пещера
Iceberg	Айсберг
Île	Остров
Lac	Озеро
Marais	Болото
Mer	Море
Montagne	Гора
Oasis	Оазис
Océan	Океан
Péninsule	Полуостров
Plage	Пляж
Toundra	Тундра
Vallée	Долина
Volcan	Вулкан

Philanthropie
Филантропия

Besoin	Нужно
Buts	Цели
Communauté	Сообщество
Contacts	Контакты
Défis	Проблемы
Enfants	Дети
Finance	Финансы
Fonds	Фонды
Gens	Люди
Générosité	Щедрость
Global	Глобальный
Groupes	Группы
Histoire	История
Honnêteté	Честность
Humanité	Человечество
Jeunesse	Молодежь
Mission	Миссия
Programmes	Программы
Public	Общественный

Photographie
Фотография

Cadre	Рамка
Caméra	Камера
Composition	Состав
Contraste	Контраст
Couleur	Цвет
Définition	Определение
Exposition	Выставка
Éclairage	Освещение
Format	Формат
Noir	Черный
Objet	Объект
Obscurité	Темнота
Ombre	Тени
Perspective	Перспектива
Portrait	Портрет
Sujet	Тема
Texture	Текстура
Visuel	Визуальный
Vue	Вид

Physique
Физика

Accélération	Ускорение
Atome	Атом
Chaos	Хаос
Chimique	Химические
Densité	Плотность
Expansion	Расширение
Électron	Электрон
Formule	Формула
Fréquence	Частота
Gaz	Газ
Gravité	Гравитация
Magnétisme	Магнетизм
Masse	Масса
Mécanique	Механика
Molécule	Молекула
Moteur	Двигатель
Nucléaire	Ядерный
Particule	Частица
Universel	Универсальный
Vitesse	Скорость

Plantes
Растения

Arbre	Дерево
Baie	Ягода
Bambou	Бамбук
Botanique	Ботаника
Buisson	Куст
Cactus	Кактус
Engrais	Удобрение
Feuillage	Листва
Fleur	Цветок
Flore	Флора
Forêt	Лес
Grandir	Расти
Haricot	Боб
Herbe	Трава
Jardin	Сад
Lierre	Плющ
Mousse	Мох
Pétale	Лепесток
Racine	Корень
Tige	Стебель

Professions #1
Профессии #1

Ambassadeur	Посол
Astronome	Астроном
Avocat	Адвокат
Banquier	Банкир
Bijoutier	Ювелир
Cartographe	Картограф
Chasseur	Охотник
Danseur	Танцор
Entraîneur	Тренер
Éditeur	Редактор
Géologue	Геолог
Infirmière	Медсестра
Médecin	Врач
Musicien	Музыкант
Pianiste	Пианист
Plombier	Водопроводчик
Pompier	Пожарный
Psychologue	Психолог
Scientifique	Ученый
Vétérinaire	Ветеринар

Professions #2
Профессии #2

Astronaute	Астронавт
Bibliothécaire	Библиотекарь
Biologiste	Биолог
Chercheur	Исследователь
Chirurgien	Хирург
Dentiste	Стоматолог
Détective	Детектив
Enseignant	Учитель
Illustrateur	Иллюстратор
Ingénieur	Инженер
Inventeur	Изобретатель
Jardinier	Садовник
Journaliste	Журналист
Linguiste	Лингвист
Médecin	Врач
Peintre	Художник
Philosophe	Философ
Photographe	Фотограф
Pilote	Пилот
Zoologiste	Зоолог

Psychologie
Психология

Clinique	Клинический
Comportement	Поведение
Conflit	Конфликт
Ego	Эго
Enfance	Детство
Expériences	Опыт
Émotions	Эмоции
Évaluation	Оценка
Idées	Идеи
Inconscient	Без Сознания
Influences	Влияния
Pensées	Мысли
Perception	Восприятие
Personnalité	Личность
Problème	Проблема
Réalité	Реальность
Rêves	Мечты
Sensation	Сенсация
Subconscient	Подсознание
Thérapie	Терапия

Randonnée
Пеший Туризм

Animaux	Животные
Bottes	Ботинки
Camping	Кемпинг
Carte	Карта
Climat	Климат
Dangers	Опасности
Eau	Вода
Falaise	Утес
Fatigué	Усталый
Lourd	Тяжелый
Météo	Погода
Montagne	Гора
Nature	Природа
Orientation	Ориентация
Parcs	Парки
Pierres	Камни
Préparation	Подготовка
Sauvage	Дикий
Soleil	Солнце
Sommet	Саммит

Restaurant #2
Ресторан #2

Apéritif	Закуска
Boisson	Напиток
Chaise	Стул
Cuillère	Ложка
Déjeuner	Обед
Délicieux	Вкусный
Eau	Вода
Épices	Специи
Fourchette	Вилка
Fruit	Фрукт
Gâteau	Торт
Glace	Лед
Légumes	Овощи
Nouilles	Лапша
Oeuf	Яйца
Poisson	Рыба
Salade	Салат
Sel	Соль
Serveur	Официант
Soupe	Суп

Réchauffement Climatique
Глобальное Потепление

Arctique	Арктический
Attention	Внимание
Changements	Изменения
Climat	Климат
Conséquences	Последствия
Crise	Кризис
Développement	Развитие
Données	Данные
Environnemental	Экологический
Énergie	Энергия
Futur	Будущее
Gaz	Газ
Générations	Поколения
Gouvernement	Правительство
International	Международный
Maintenant	Сейчас
Populations	Популяции
Scientifique	Ученый
Températures	Температуры

Santé et Bien-Être #1
Здоровье и Благополучие #1

Actif	Активный
Bactéries	Бактерии
Blessure	Травма
Clinique	Клиника
Faim	Голод
Fracture	Перелом
Habitude	Привычка
Hauteur	Высота
Hormone	Гормоны
Médecin	Врач
Médicament	Медицина
Muscles	Мышцы
Os	Кости
Peau	Кожа
Pharmacie	Аптека
Posture	Поза
Réflexe	Рефлекс
Thérapie	Терапия
Traitement	Лечение
Virus	Вирус

Santé et Bien-Être #2
Здоровье и Благополучие #2

Allergie	Аллергия
Anatomie	Анатомия
Appétit	Аппетит
Calorie	Калория
Corps	Тело
Déshydratation	Обезвоживание
Diète	Диета
Énergie	Энергия
Génétique	Генетика
Hôpital	Больница
Hygiène	Гигиена
Infection	Инфекция
Maladie	Болезнь
Massage	Массаж
Nutrition	Питание
Poids	Вес
Sain	Здоровый
Sang	Кровь
Stress	Стресс
Vitamine	Витамин

Science
Наука

Atome	Атом
Chimique	Химические
Climat	Климат
Données	Данные
Expérience	Эксперимент
Évolution	Эволюция
Fait	Факт
Fossile	Ископаемое
Gravité	Гравитация
Hypothèse	Гипотеза
Laboratoire	Лаборатория
Méthode	Метод
Minéraux	Минералы
Molécules	Молекулы
Nature	Природа
Observation	Наблюдение
Organisme	Организм
Particules	Частицы
Physique	Физика
Scientifique	Ученый

Science-Fiction
Научная Фантастика

Atomique	Атомный
Cinéma	Кино
Clones	Клоны
Dystopie	Антиутопия
Explosion	Взрыв
Extrême	Экстремальный
Feu	Огонь
Galaxie	Галактика
Illusion	Иллюзия
Imaginaire	Воображаемый
Livres	Книги
Monde	Мир
Mystérieux	Таинственный
Oracle	Оракул
Planète	Планета
Réaliste	Реалистичный
Robots	Роботы
Scénario	Сценарий
Technologie	Технология
Utopie	Утопия

Temps
Время

Année	Год
Annuel	Ежегодный
Après	После
Avant	До
Bientôt	Скоро
Calendrier	Календарь
Décennie	Десятилетие
Futur	Будущее
Heure	Час
Hier	Вчера
Horloge	Часы
Jour	День
Maintenant	Сейчас
Matin	Утро
Midi	Полдень
Minute	Минута
Mois	Месяц
Nuit	Ночь
Semaine	Неделя
Siècle	Век

Types de Cheveux
Типы Волос

Argent	Серебро
Blanc	Белый
Blond	Блондин
Boucles	Кудри
Brillant	Блестящий
Chauve	Лысый
Coloré	Цветной
Court	Короткая
Doux	Мягкий
Épais	Толстый
Frisé	Кудрявый
Gris	Серый
Long	Длинный
Marron	Коричневый
Mince	Тонкий
Noir	Черный
Sain	Здоровый
Sec	Сухой
Tresses	Косы
Tressé	Плетеный

Univers
Вселенная

Astéroïde	Астероид
Astronome	Астроном
Astronomie	Астрономия
Atmosphère	Атмосфера
Ciel	Небо
Cosmique	Космический
Équateur	Экватор
Galaxie	Галактика
Hémisphère	Полусфера
Horizon	Горизонт
Latitude	Широта
Longitude	Долгота
Lune	Луна
Obscurité	Темнота
Orbite	Орбита
Solaire	Солнечный
Solstice	Солнцестояние
Télescope	Телескоп
Visible	Видимый
Zodiaque	Зодиак

Vacances #2

Отпуск #2

Aéroport	Аэропорт
Camping	Кемпинг
Carte	Карта
Étranger	Иностранный
Hôtel	Отель
Île	Остров
Loisir	Досуг
Mer	Море
Passeport	Паспорт
Photos	Фото
Plage	Пляж
Restaurant	Ресторан
Réservations	Бронирование
Taxi	Такси
Tente	Палатка
Train	Поезд
Transport	Транспорт
Vacances	Праздник
Visa	Виза
Voyage	Путешествие

Véhicules

Транспортные Средства

Avion	Самолет
Bateau	Лодка
Bus	Автобус
Camion	Грузовик
Caravane	Караван
Ferry	Паром
Fusée	Ракета
Hélicoptère	Вертолет
Métro	Метро
Moteur	Мотор
Navette	Челнок
Pneus	Шины
Radeau	Плот
Scooter	Скутер
Taxi	Такси
Tracteur	Трактор
Train	Поезд
Van	Фургон
Vélo	Велосипед
Voiture	Автомобиль

Vêtements

Одежда

Bracelet	Браслет
Ceinture	Пояс
Chapeau	Шляпа
Chaussure	Обувь
Chemise	Рубашка
Chemisier	Блуза
Collier	Ожерелье
Foulard	Шарф
Gants	Перчатки
Jeans	Джинсы
Jupe	Юбка
Manteau	Пальто
Mode	Мода
Pantalon	Брюки
Pull	Свитер
Pyjama	Пижама
Robe	Платье
Sandales	Сандалии
Tablier	Фартук
Veste	Куртка

Ville

Город

Aéroport	Аэропорт
Banque	Банк
Bibliothèque	Библиотека
Boulangerie	Пекарня
Cinéma	Кино
Clinique	Клиника
École	Школа
Fleuriste	Флорист
Galerie	Галерея
Hôtel	Отель
Marché	Рынок
Musée	Музей
Pharmacie	Аптека
Restaurant	Ресторан
Salon	Салон
Stade	Стадион
Supermarché	Супермаркет
Théâtre	Театр
Université	Университет
Zoo	Зоопарк

Félicitations

Vous avez réussi !

Nous espérons que vous avez apprécié ce livre autant que nous avons pris plaisir à le concevoir. Nous faisons de notre mieux pour créer des livres de la meilleure qualité possible.
Cette édition est conçue pour permettre un apprentissage intelligent et de qualité en se divertissant !

Vous avez aimé ce livre ?

Une Simple Demande

Nos livres existent grâce aux avis que vous publiez. Pourriez-vous nous aider en laissant un avis maintenant ?

Voici un lien rapide qui vous mènera à votre page d'évaluation de vos commandes :

BestBooksActivity.com/Avis50

CHALLENGE FINAL !

Défi n°1

Êtes-vous prêt pour votre jeu bonus ? Nous les utilisons tout le temps mais ils ne sont pas si faciles à trouver. Voici les Synonymes !

Notez 5 mots que vous avez trouvés dans les puzzles notés ci-dessous (n°21, n°36, n°76) et essayez de trouver 2 synonymes pour chaque mot.

Notez 5 Mots du ***Puzzle 21***

Mots	Synonyme 1	Synonyme 2

Notez 5 Mots du ***Puzzle 36***

Mots	Synonyme 1	Synonyme 2

Notez 5 Mots du ***Puzzle 76***

Mots	Synonyme 1	Synonyme 2

Défi n°2

Maintenant que vous vous êtes échauffé, notez 5 mots que vous avez découverts dans les Puzzles n° 9, n° 17, n° 25 et essayez de trouver 2 antonymes pour chaque mot. Combien pouvez-vous en trouver en 20 minutes ?

Notez 5 Mots du ***Puzzle 9***

Mots	Antonyme 1	Antonyme 2

Notez 5 Mots du ***Puzzle 17***

Mots	Antonyme 1	Antonyme 2

Notez 5 Mots du ***Puzzle 25***

Mots	Antonyme 1	Antonyme 2

Défi n°3

Formidable ! Ce défi final  n'est rien pour vous.

Prêt pour le dernier défi ? Choisissez 10 mots que vous avez découverts parmi les différents puzzles et notez-les ci-dessous.

1.	6.
2.	7.
3.	8.
4.	9.
5.	10.

Maintenant, composez un texte en pensant à une personne, un animal ou un lieu que vous aimez !

Astuce: Vous pouvez utiliser la dernière page de ce livre comme brouillon !

Votre Composition :

CARNET DE NOTES :

À TRÈS BIENTÔT !

Toute l'équipe

DECOUVREZ DES JEUX GRATUITS

GO

↓

BESTACTIVITYBOOKS.COM/FREEGAMES

www.ingramcontent.com/pod-product-compliance
Lightning Source LLC
Chambersburg PA
CBHW082208120626
46553CB00010B/3063
9798896705444